古代外交

歷代外交與文化交流

唐　容　編著

崧燁文化

目錄

序 言 古代外交

文化是民族的血脈，是人民的精神家園。

文化是立國之根，最終體現在文化的發展繁榮。博大精深的中華優秀傳統文化是我們在世界文化激盪中站穩腳跟的根基。中華文化源遠流長，積澱著中華民族最深層的精神追求，代表著中華民族獨特的精神標識，為中華民族生生不息、發展壯大提供了豐厚滋養。我們要認識中華文化的獨特創造、價值理念、鮮明特色，增強文化自信和價值自信。

面對世界各國形形色色的文化現象，面對各種眼花繚亂的現代傳媒，要堅持文化自信，古為今用、洋為中用、推陳出新，有鑑別地加以對待，有揚棄地予以繼承，傳承和昇華中華優秀傳統文化，增強國家文化軟實力。

浩浩歷史長河，熊熊文明薪火，中華文化源遠流長，滾滾黃河、滔滔長江，是最直接源頭，這兩大文化浪濤經過千百年沖刷洗禮和不斷交流、融合以及沉澱，最終形成了求同存異、兼收並蓄的輝煌燦爛的中華文明，也是世界上唯一綿延不絕而從沒中斷的古老文化，並始終充滿了生機與活力。

中華文化曾是東方文化搖籃，也是推動世界文明不斷前行的動力之一。早在五百年前，中華文化的四大發明催生了歐洲文藝復興運動和地理大發現。中國四大發明先後傳到西方，對於促進西方工業社會發展和形成，曾造成了重要作用。

中華文化的力量，已經深深熔鑄到我們的生命力、創造力和凝聚力中，是我們民族的基因。中華民族的精神，也已

深深植根於綿延數千年的優秀文化傳統之中，是我們的精神家園。

總之，中華文化博大精深，是中華各族人民五千年來創造、傳承下來的物質文明和精神文明的總和，其內容包羅萬象，浩若星漢，具有很強文化縱深，蘊含豐富寶藏。我們要實現中華文化偉大復興，首先要站在傳統文化前沿，薪火相傳，一脈相承，弘揚和發展五千年來優秀的、光明的、先進的、科學的、文明的和自豪的文化現象，融合古今中外一切文化精華，構建具有中華文化特色的現代民族文化，向世界和未來展示中華民族的文化力量、文化價值、文化形態與文化風采。

為此，在有關專家指導下，我們收集整理了大量古今資料和最新研究成果，特別編撰了本套大型書系。主要包括獨具特色的語言文字、浩如煙海的文化典籍、名揚世界的科技工藝、異彩紛呈的文學藝術、充滿智慧的中國哲學、完備而深刻的倫理道德、古風古韻的建築遺存、深具內涵的自然名勝、悠久傳承的歷史文明，還有各具特色又相互交融的地域文化和民族文化等，充分顯示了中華民族厚重文化底蘊和強大民族凝聚力，具有極強系統性、廣博性和規模性。

本套書系的特點是全景展現，縱橫捭闔，內容採取講故事的方式進行敘述，語言通俗，明白曉暢，圖文並茂，形象直觀，古風古韻，格調高雅，具有很強的可讀性、欣賞性、知識性和延伸性，能夠讓廣大讀者全面觸摸和感受中華文化的豐富內涵。

肖東發

上古時期 縱橫捭闔

春秋戰國是中國歷史上的上古時期。這一時期是中國思想發展高峰。在這個百家爭鳴的時代，出現了一大批著名外交家，如鄭莊公、晏嬰、張儀、蘇秦，藺相如、范雎。

他們為了實現自己的政治抱負，積極奔走，堅持不懈地遊說諸侯，以敢於面對強權的勇氣和機變百出的辭令，捍衛了國家的主權，維護了個人的尊嚴。

他們的外交實踐，不僅為自己的國家作出了貢獻，也為後世的外交提供了足可借鑑的歷史經驗。

▌鄭莊公靈活多變的外交

■春秋生活場景復原

鄭莊公（西元前七百五十七年～前七百零一年），姬姓，鄭氏，名寤生，歷史上非常著名的政治家。春秋時期鄭國第三代國君，西元前七百四十三至西元前七百零一年在位。鄭莊公一生功業輝煌，在位期間，分別擊敗過周、虢、衛、蔡、陳聯軍及宋、陳、蔡、衛、魯等國聯軍。可謂攻必克，戰必勝，使得鄭國空前強盛。

鄭國之所以在春秋初期揚威一時，是和鄭莊公的外交勝利分不開的。鄭莊公在外交中運用靈活多變的外交法寶，挾天子以令諸侯，遠交近攻，結強制弱、分化瓦解敵方陣營，化敵為友等策略，終於使他在春秋列國紛爭中小霸中原。

鄭國位於陝西華縣東北。鄭莊公執政時，成功處理了內政方面的問題，實現了國力統一。隨後，他透過積極而靈活多變的外交策略，最終稱霸中原。

鄭莊公自幼就沒有得到母親武姜的疼愛，武姜偏愛鄭莊公的弟弟共叔段，她多次請求當時的鄭武公改立共叔段為太子。鄭武公去世後，鄭莊公即位，這個矛盾便愈演愈烈，最後共叔段與武姜合謀發動武裝襲擊。鄭國面臨著分裂的危險，能否順利地平定內亂，是決定這個國家能否繼續存在和發展下去的關鍵。鄭莊公在得知共叔段叛亂日期後，派公子呂統帥兩百輛戰車討伐叔段，最後共叔段逃到共國，一場叛亂平息。

鄭莊公平定內亂，鞏固統一之後，便制定了靈活多變的外交方針，從調整與周王室的關係開始，積極向外發展勢力。

春秋以來，周王室日益衰落。周平王東遷後，天子直轄的「王畿」在戎狄的不斷襲擾和諸侯的不斷蠶食下，大大縮小了，最後僅剩下位於今河南西部的成周之地，其方圓不過一二百里。

鄭國雖然到西週末期才被封為諸侯，但與周王室的關係卻很深。鄭國的第一代君主鄭桓公是周宣王的同父異母弟弟。由於這層關係，鄭國歷代君主都在東周王室內擔任卿士，握有重要權力。

在犬戎攻滅周幽王的戰爭中，鄭桓公效忠王室，在驪山下為周幽王戰死。鄭桓公的兒子鄭武公繼位後，和晉文侯一起護送周平王東遷。因此，周平王對晉、鄭兩國一向很倚重。

這樣的歷史淵源，為鄭國的發展創造了有利條件。鄭莊公善於利用這一有利條件，在處理與周王室關係時，既利用拉攏又威脅打擊。

首先，鄭莊公利用周王室旗號，挾天子以令諸侯。利用周王的軍隊攻打諸侯，不僅增加了軍事力量，更使自己的征伐問罪變得師出有名。

另一方面，鄭莊公對周王室又不時加以威脅打擊，使其成為手中聽話的傀儡。在周平王時就想把朝政大權交給虢公忌父一部分，這引起鄭莊公不滿，王室與鄭國互不信任。後來，周桓王時想把全部政事交給虢公忌父，鄭莊公便派人割了周王溫地的麥子和成周附近的稻禾。

周王地位雖然動搖了，但面對驕橫的鄭國也試圖振作一下子，於是發動了對鄭國的戰爭，想透過此次戰爭制服鄭國，恢復周天子的權威，結果卻被鄭國軍隊打得大敗，威風掃地。

鄭莊公竭力維護在周王室的地位，利用周王「共主」的名義來為自己國家的利益服務，從而在諸侯中樹立了威望。利用這一有利的政治資本，鄭莊公對各個諸侯分別採取了不同的外交策略。

在當時，中原地區的諸侯國大致分成兩大集團：一邊是鄭、齊、魯三國，一邊是宋、衛、陳、蔡四國。對於這些諸侯國，鄭莊公採用了遠交齊魯，以「王師」的名義近攻宋衛的外交政策。

齊國是當時中原最大的國家，然而齊國地處海濱，與中原地區中心的鄭國相隔較遠。鄭國要向外發展勢力，齊國不是絆腳石，相反，如果結好齊國還可以利用齊國，夾攻宋、衛等國，所以鄭莊公便極力拉攏齊國。鄭莊公在位三十四年間，與齊國一直保持結盟友好關係，從未發生過戰爭。

西元前七百二十年冬，齊、鄭盟於石門，此後，齊國還在鄭、宋、衛三國之間斡旋，使宋、衛與鄭言和，並追隨鄭國伐宋，鄭國也曾幫助齊抵禦北戎的進攻。

由於鄭莊公對齊正確地採取「遠交」政策，使得齊國長期與鄭國結好，而鄭國則利用齊國，使自己成為實際上的霸主。

魯國也是鄭國「遠交」政策的一個重要對象。魯國北憑泰山，東依大海，西南與宋接壤，西北與齊連界，地理形勢造成魯更多的是與宋、齊打交道，而與遠方的鄭國沒有多少直接的利害衝突。當時的魯與宋是友好盟國，而鄭與宋是仇怨之國，為了對付宿敵宋國，鄭莊公便想方設法拆散魯宋聯盟。

西元前七百一十八年，鄭莊公伐宋，魯公由於對宋使回答不滿，拒絕救援，兩國關係出現國裂痕。鄭莊公利用這個有利時機，派使前來與魯國商約摒棄前嫌而修新好。

後來，鄭莊公將鄭國助祭泰山時的湯沐邑和魯君的許田之邑交換，又把鄑、防兩地送給魯國。就這樣，鄭國和魯國各自得到自己附近的土地，解決了兩國關係中的問題；同時，鄭莊公既討好了魯國，又為自己贏得了好名聲。

在鄭莊公的外交攻勢下，魯最終與宋絕交，成為鄭國的追隨者。鄭、齊、魯從此形成了從西到東橫的聯合，這是一股強大的政治力量。

宋國是鄭國向東擴展勢力的最大障礙，兩國矛盾由來已久。宋殤公即位時，公子馮出奔鄭，鄭國想把公子馮送回國

為君，宋、鄭因此結怨，在此後的若干年裡，宋、鄭之間戰爭不斷。

鄭莊公在位期間，曾經用周王室的軍隊，打進了宋的外城。宋人為報復而伐鄭，兵圍鄭國的城邑長葛。鄭莊公便以王命伐宋。隨後又聯合魯、齊再伐宋。結果宋國在戴這個地方被打得全軍覆沒。後來宋殤公死後，宋人向鄭國迎立了公子馮為君，宋、鄭鬥爭告一段落。

鄭莊公透過對宋國的一系列戰爭，炫耀了武力，顯示了強大，儼然成為春秋初期的霸主。

鄭莊公在春秋初期雖沒有做成真盟主，但可以算是準霸主的國家。鄭國在鄭莊公的領導下，其強大足以使諸侯敬畏，而這正可以表明鄭莊公的外交活動取得了極大的成功。

閱讀連結

鄭莊公對母親武姜參與共叔段的反叛很生氣，一怒之下，把武姜軟禁起來，並發誓說：「死後黃泉路上再見！」

時隔不久，鄭莊公思念母親，但又不能違背自己發誓說過的話，便整天悶悶不樂。這一天，素有孝名的潁考叔對鄭莊公說：「國王不必發愁，我有個主意。您可以挖條隧道，下及泉水，您同母親在那裡相見，既見到了母親，又不違背誓言。」

鄭莊公聽從了潁考叔的主意，與母親在隧道裡相見，並向母親請罪。母子又恢復了親情關係。

不畏強權的外交家晏嬰

■外交家晏嬰塑像

　　晏嬰（西元前年五百七十八～前五百年），字平仲，又稱晏子，夷維，即今山東高密人。春秋後期的齊國大夫，國相，以生活節儉，謙恭下士著稱。他是春秋後期一位著名的政治家、思想家和外交家，被後世稱為晏子。

　　晏嬰在外交中頗為機敏睿智，他的外交生涯有聲有色。不管是在國內接待使臣，還是出使他國，他都不卑不亢，有禮有節，用語委婉，既維持了個人人格，又維護了國家尊嚴。他愛國憂民，敢於直諫，在諸侯和百姓中享有極高的聲譽。

　　晏嬰是春秋時齊國人。他的父親晏弱為齊國大夫，被分封於晏，也就是今天的山東省齊河縣的晏城，所以晏弱以晏作為自己的姓氏。晏弱的後代也沿用晏姓，形成了晏姓的一支。

晏弱死後，晏嬰繼任齊卿，歷任齊國三朝的卿相，輔政長達五十餘年。

晏嬰在外交方面主張與鄰國和平相處，不事撻伐。齊景公要伐魯國，他勸景公以禮對待魯國，以明德政，齊景公於是不伐魯。此舉受到國許多諸侯國的讚譽。

春秋中後期，諸侯紛立，戰亂不息，中原的強國晉國謀劃攻打齊國。為了探清齊國的形勢，晉國便派大夫範昭出使齊國。

齊景公以盛宴款待範昭。席間，正值酒酣耳熱，均有幾分醉意之時，範昭借酒勁向齊景公說：「請您給我一杯酒喝吧！」

齊景公回頭告訴左右侍臣道：「把酒倒在我的杯中給客人。」

範昭接過侍臣遞給的酒，一飲而盡。

晏嬰在一旁把這一切看在眼中，厲聲命令侍臣道：「快扔掉這個酒杯，為主公再換一個。」

依照當時的禮節，在酒席之上，君臣應是各自用個人的酒杯。範昭用齊景公的酒杯喝酒違反了這個禮節，是對齊國國君的不敬，範昭是故意這樣做的，目的在於試探對方的反應如何，但還是被晏嬰識破了。

範昭回國後，向晉平公報告說：「現在還不是攻打齊國的時候，我試探了一下齊國君臣的反應，結果讓晏嬰識破了。」

範昭認為齊國有這樣的賢臣，現在去攻打齊國，絕對沒有勝利的把握。晉平公因而放棄了攻打齊國的打算。

靠外交的交涉使敵人放棄進攻的打算，即現在「折衝樽俎」這個典故，就是來自晏嬰的事跡。

春秋末期，齊、楚都是大國。有一回，齊王派大夫晏嬰去訪問楚國。楚靈王仗著自己國勢強盛，想乘機侮辱晏嬰，顯顯楚國的威風。

晏嬰入朝時，為了嘲諷晏嬰短小的身材，楚國派身材高大的武士羅列在兩旁迎候。

晏嬰對楚國陪同的人說：「我是為二國友好交往而來，並不是來與貴國交戰的。把這些武士撤下去吧。」

陪同的人只得尷尬地喝退武士。

晏嬰進入朝門，楚國幾十員大臣等候著。楚郊尹蔓成然首先發話：「聽說齊國在姜公封國時，強於秦、楚，貨通魯、衛，而自從桓公之後，屢遭宋、晉侵犯，朝晉暮楚，齊君臣四處奔波臣服於諸侯。但憑景公之志、晏嬰之賢，並不比桓公、管仲差呀，這是為什麼？」

晏嬰說：「興敗強衰，乃國之規律，自楚莊王后，楚國不是也屢次遭到晉、吳兩國的打擊嗎？我們景公識時務，與諸侯平等交往，怎麼是臣服呢？你的父輩作為楚國的名臣，不也是這麼做的嗎？難道你不是他們的後代？」

蔓成然羞愧而退。

楚大臣陽丐上前一步說：「聽說你很善於隨機應變、左右逢源，然而，齊國遭遇崔慶之亂，齊多少忠臣志士為討伐二人而獻出生命？你作為老臣，既不能討賊，又不能退位，更不能以死相拚，你留在朝廷還有何用？」

晏嬰說：「抱大志者，不拘小節；莊公之死有他自身的錯誤。我之所以留身於朝中，是要扶助新君立國、強國之志，而非貪圖個人的性命。如果老臣們都死了，誰來輔佐君王呢？」

陽丐自知無趣退下。

楚右尹鄭丹上前逼問：「你說得太誇耀，崔慶之亂中高、陳等相併，你只是隔岸觀火，並不見你有什麼奇謀？」

晏嬰答：「你只知其一，不知其二，崔慶之盟，我未乾預；四族之難，我正在保全君王，這正是亦柔亦剛，怎麼說是旁觀呢？」

鄭丹無話可答。

楚靈王的車右囊瓦指問：「我聽說君王將相，都是魁梧俊美之相，因而能立功當代、留名後人。而你身不滿五尺，力不能勝一雞，你不覺得羞愧？」

晏嬰坦然自若地回答：「我聽說秤砣雖小，能壓千斤，舟槳雖長，不免為水浸沒；紂王勇武絕倫，不免身死國亡，為什麼呢？你自以為高大，還不是只能為楚王御馬嗎？我雖然不才，但能獨當一面，忠心為國效犬馬之力。」

囊瓦羞愧難當。

楚大夫伍舉見大家難當晏嬰，忙解圍說：「晏嬰天下奇才，你們怎麼能跟他較勁呢？算了，楚王等著召見呢！」

後來，晏嬰與楚靈王鬥智鬥勇，又是一段佳話！

第一次是楚靈王嘲笑齊國無賢人，竟然派晏嬰來出使楚國。晏嬰說齊國按國家檔次不同派的人也就不同，他是使者中最不中用的。楚靈王沒能羞辱到晏嬰。

第二次是楚靈王故意抓來了一個齊國的盜賊，並當著大臣的面嘲笑齊國。晏嬰卻回答說不同的國家出不同的人，齊國風調雨順人民安居樂業，可他一到楚國卻就成為了盜賊。楚靈王又沒能羞辱到晏嬰。

類似上面晏嬰出使楚的故事還很多。晏嬰憑自己的智慧，挫敗了一些國家有辱齊國國格和晏嬰人格的陰謀，他的名聲也越來越大，成為著名的外交家。

外交無小事，尤其在牽涉到國格的時候，更是絲毫不可侵犯。晏嬰以「針尖對麥芒」的方式，多次贏得外交的勝利，不僅是因為晏嬰的智慧，還是因為晏嬰的背後有一個強大的國家在支撐著著他。

閱讀連結

晏子很有智慧。有一次，齊景公問晏子：「東海裡邊，有古銅色水流。在這紅色水域裡邊，有棗樹，只開花，不結果，什麼原因？」

晏子回答：「從前，秦繆公乘龍船巡視天下，用黃布包裹著蒸棗。龍舟泛遊到東海，秦繆公拋棄裹棗的黃布，使那

黃布染紅了海水，所以海水呈古銅色。又因棗被蒸過，所以種植後只開花，不結果。」

景公不滿意地說：「我假裝著問，你為什麼對我胡謅？」

晏子說：「我聽說，對於那些假裝提問的人，也可以虛假地回答他。」

▌張儀的連橫外交謀略

■戰國時期的外交家和謀略家張儀塑像

戰國時期兵荒馬亂、諸侯國並立，人們的思想得到空前解放，出現了縱橫家、儒家、墨家、法家等諸家百家爭鳴的局面。

各家為了實現自己的政治抱負，積極奔走於各諸侯國，為統治者服務。

張儀順應時勢，出仕秦國，在秦國外交舞台光彩奪目，盡顯「連橫」的外交才華，為秦國統一事業做出了巨大貢獻。

　　張儀，生年不詳，卒於西元前三百一十年，還有說是西元前三百零九年。他出生在戰國一動亂時期，他出身卑微，曾師從鬼谷子學習縱橫之術，有著傑出的才華和勃勃雄心。

　　當時的諸侯國為了建立強大的國家，對人才極其需要，秦國就是諸侯國之中最有代表的一個。

　　秦惠文王禮賢下士、招攬人才，許多秦國以外的「士」，紛紛投向秦國。張儀順勢而出，來到了秦國。

　　見到秦惠文王，張儀一吐為快，向秦王吐露了自己的「連橫」策略。秦王沉浸在張儀所描繪的美麗藍圖之中，於是拜他為客卿，直接參與謀劃討伐諸侯的大事。由此，張儀為實現自己的外交才能邁出了重要的一步。

　　西元前三百二十八年，張儀與公子華帶兵攻打魏國，一舉拿下魏國的蒲陽城。張儀乘機推行自己的「連橫」政策，建議秦王把蒲陽，即今山西隰縣歸還魏國，並且派公子繇到魏國去做人質，而他將利用護送公子繇入魏的機會與魏王接近，遊說魏王投靠秦國。

　　對魏外交的成功與否，關係著張儀未來的「連橫」策略的命運。既然魏在張儀外交思想中如此重要，當然他不能有絲毫馬虎。

　　入魏後，張儀對魏王說：「秦國對待魏國可是真心實意的好啊！得到城邑不說，反而又送人質來到魏國，魏國怎麼說也不應對秦國失禮呀，應該想辦法來報答一下吧？」

上古時期 縱橫捭闔

「怎樣報答呢？」魏王問道。

張儀說：「秦國只喜歡土地，魏國如果能送一些地方給秦國，那麼，秦國一定會把魏國視為兄弟之國的。如果秦魏結成聯盟，合兵討伐其他諸侯國，魏國將來從別的國家取得的土地肯定會比送給秦國的土地多很多倍。」

魏王被張儀說動了心，於是把上郡十五縣和河西重鎮少梁獻給了秦國，從此秦魏和好。張儀的連橫政策首戰告捷。至此，黃河以西地區全部歸秦所有。

張儀回到秦國後，立即被秦王提拔為掌握軍政大權的最高官職。西元前三百二十六年，惠文王任命張儀為將，率兵攻取魏國的陝，並將魏人趕走，同時在上郡築關塞。這一事件引起魏國的極大惶恐，於是接連兩次與齊威王相會，企圖依靠齊國對抗秦國。

張儀採取了更為機智的外交手段，於西元前三百二十三年，約集齊、楚、魏三國執政大臣相會，試圖為魏國調停，以討好和拉攏魏國。

魏惠王接受了張儀聯合秦、韓以對付齊、楚的政策。次年，魏太子和韓太子入秦朝見。

為了使魏國進一步臣服於秦國，張儀於西元前三百二十二年辭掉秦國相位，前往魏國。魏王因其大名，立即用他為相。

張儀當上魏相國以後，便尋機為秦國拉攏魏王。他說：「魏國土地縱橫不到千里，士兵不超過三十萬。大王如果不侍奉秦國，秦國出兵攻打黃河以南，佔據卷地、衍地、燕地、

酸棗，脅迫衛國，奪取陽晉，那麼趙國不能向南支援魏國，魏國就不能向北聯繫趙國；魏國不能向北聯繫趙國，合縱聯盟的通路就斷了；合縱聯盟的通路一斷絕，那麼大王的國家要不危險就不可能了。」

「如果秦國說服韓國攻打魏國，魏國害怕秦國，秦、韓兩國一致對付魏國，魏國的滅亡就可以蹺起腳來等待了。這是我替大王擔憂的問題。」

魏王思量再三，最後同意了張儀的觀點。不久，魏王派太子入秦朝見，向秦表示歸順。

張儀在魏國擔任了四年相國，於西元前三百一十八年又回到秦國，秦惠文王仍然啟用他為相。

西元前三百一十七年，秦惠王針對五國的合縱攻秦，派樗裡疾率秦軍在修魚與魏、趙、韓三國聯軍決戰，聯軍大敗。此後，秦不斷進攻韓、趙、魏三國，迫使韓國屈服，魏國的內政也受到秦國干涉。秦國在張儀的「連橫」外交謀略運用中越來越強大。

修魚之戰過後，齊國出兵打敗了趙國和魏國，並與楚國結成聯盟。齊是東方的強國，楚則虎視於南方。因此，齊楚聯盟成了秦國的心腹之患。

為了離間齊楚聯盟，削弱齊楚力量，達到秦向東擴張這一關鍵步驟，張儀再次辭掉秦國相位，向南去拜見楚王，施展他的外交本領。

張儀到楚之後，他首先派人買通楚懷王的寵臣靳尚，利用其取得楚懷王信任，然後著手離間齊楚關係。

張儀對懷王說：「我們秦王所敬重的人沒有誰能超過大王您，即使我張儀願意為臣下的也首推大王您；我們秦王所憎惡的人沒有誰能比得上齊王，就是我張儀也最憎恨齊王。齊國雖然和秦國曾經是婚姻之國，然而齊國對不起秦國的地方太多了。「

「現在我們秦國想討伐齊國，所以我們秦王就不能侍奉大王了，我張儀也沒法做大王您的臣子。如果大王能夠與齊國斷絕關係，臣下將請求秦王把商於六百里地方獻給楚國。

這樣，齊國就一定會被削弱，齊國被削弱了，大王就可以使役齊國。這是向北削弱齊國、向西施德於秦，而您自己居有商於之地的一計三利之事情。」

楚懷王十分高興地應允了張儀。大臣們也都向楚王慶賀，楚國上下皆大歡喜。

張儀雖然說動楚懷王，但楚國不乏有識之士。原來在秦國用事的陳軫，在張儀為相後來到楚國，對張儀的意圖非常清楚。他勸懷王不要聽張儀之言，以防被欺而又和齊國斷絕關係。

但楚懷王早被張儀的說辭所迷惑，又利慾熏心，根本聽不進陳軫的意見，他一面派人去齊宣布斷交，一面派人跟隨張儀去接收土地。而且把楚國相印交給張儀。

張儀回秦後，稱病三月不上朝。楚懷王這邊得不到土地，以為秦嫌楚與齊斷絕關係不夠堅決。因此，他特派勇士前去辱罵齊王。齊王大怒，一面與楚徹底斷交，一面派人入秦與秦王商議共同伐楚。

目的達到了，這時張儀出見楚國使者，告訴他從某至某，廣袤若干里送給楚王。

楚國使者稟報楚懷王。楚懷王一聽暴跳如雷，大罵張儀是出爾反爾的小人，氣沖沖的要興兵伐秦。

此時，陳軫又建議楚懷王聯秦抗齊。但楚懷王盛怒之下，一心只想報復張儀，又一次拒絕了陳軫的正確意見，派兵進攻秦國。

西元前三百一十二年，楚國與秦齊大戰於丹陽，結果楚軍大敗，主要將領共七十餘人被俘，八萬楚軍被消滅，漢中郡也被秦奪走。

戰敗消息傳來，楚懷王簡直氣得發昏。在狂熱的復仇情緒的支配下，他調動楚國全部軍隊進攻秦國。由於孤軍深入，楚軍又敗於藍田。

這時，韓魏兩國也乘機向南進攻楚國，一直打到鄧邑。楚腹背受敵，急忙撤軍，只好割了兩個城邑向秦國求和。

在形勢大大有利於秦國的前提下，張儀馬上又出使其他幾國，使他們紛紛連橫親秦。他也因此被秦王封為武信君。

張儀運用縱橫之術，遊說於魏、楚、韓等國之間，利用各個諸侯國之間的矛盾，或為秦國拉攏，使其歸附於秦；或拆散其聯盟，使其力量削弱。但總的來說，他是以秦國的利益為出發點的。

張儀的「連橫」策略被秦國後來的統治者繼續採用。雖然原本與秦國「連橫」的諸侯國後來紛紛背離秦國，重新「合

縱」抗秦，但因彼此之間存在的利益衝突，使秦國始終能夠以「橫」破「縱」，最後將其他六國逐個擊破，完成中華民族歷史上的第一次統一。

作為一個傑出的外交家，張儀圓滿地完成了每次外交任務，從外交策略的層面為秦國統一奠定了基礎。

同時，作為縱橫家的鼻祖之一，張儀開創了國際關係的新局面，即在軍事威懾的前提下，透過和平的外交手段維護國家利益，他的外交策略和雄辯技巧為後世外的交家們提供了一種值得借鑑的模式。

閱讀連結

張儀從鬼谷子那裡學業期滿，回到魏國後因不被重用不得已遠去楚國，投奔在楚相國昭陽門下。

一日，昭陽與其百餘名門客出遊，飲酒作樂之餘，昭陽拿出楚威王賞賜的「和氏之璧」給大家欣賞，不想傳來傳去，最後「和氏璧」竟然不翼而飛，大家認為，一定是被貧困的張儀拿走了。

昭陽嚴刑逼供，張儀被打得遍體鱗傷。張儀回到家，問妻子「我的舌頭還在嗎？」

妻子告訴他還在，張儀苦笑著說「只要舌頭在，我的本錢就在，我會出人頭地的。」

蘇秦的合縱外交謀略

■戰國時期縱橫家蘇秦塑像

　　蘇秦是戰國時期的洛陽人，當時的洛陽歸周王室直屬。蘇秦最為輝煌的時候是勸說六個諸侯國聯合抗秦，其辭令堪稱精彩。

　　他曾身佩六國相印，以一己之力促成山東六國合縱，使強秦不敢出函谷關十五年，叱吒風雲。

　　後世敬仰他的成就，以形象的「蘇秦背劍」來命名武術定式，其實就是取其縱橫捭闔之意。

　　蘇秦出身農家，素有大志，曾隨鬼谷子學習縱橫捭闔之術多年。後來蘇秦透過刻苦學習，對時局有了全面透徹的掌握，便制定了一系列針對時勢的縱橫策略，然後開始到各諸侯國去宣傳他的「合縱」主張。

　　蘇秦到了燕國，對燕文公說：「燕國沒受到秦國的侵略，是因為西邊有趙國擋住秦國。可是趙國要來打燕國，早上發兵，下午就能到。您不跟近鄰的趙國交好，反倒把土地送給挺遠的秦國，這種做法很不好。要是主公用我的計策，先跟鄰近的趙國訂立盟約，然後再去聯絡中原諸侯一同抵抗秦國，燕國才能安穩。」

　　燕文公很贊成蘇秦的辦法，就給他準備了禮物和車馬，請他去和趙國聯絡。

　　蘇秦到了趙國，對趙肅侯說：「如今秦國最注目的就是趙國。秦國不敢發兵來侵犯，是因為西南邊有韓國和魏國擋住秦國，要是秦國去打韓國和魏國，韓國、魏國投降了，趙國可就保不住了。」

　　「趙、韓、魏、燕、齊、楚的土地比秦國大五倍，軍隊比秦國多十倍。要是六國聯合起來一同抵抗秦國，還怕打不過它嗎？為什麼一個個都送自己的土地去奉承秦國呢？六國不聯合起來，單獨地向秦國割地求和，絕不是辦法。」

　　「要知道六國的土地有限，秦國的貪心不足。要是您約會諸侯，結為兄弟，訂立盟約，不論秦國侵犯哪一國，其餘五國一同去幫它。這樣，秦國還敢欺負聯合起來的六國嗎？」

　　趙肅侯十分讚賞蘇秦的計謀，讓他掌管國家的外交，還給了他一百輛裝飾一新的車子、一千兩黃金、一百雙玉璧、一千匹錦繡，讓他約請各國諸侯加盟。

正在這時，趙國的邊界上來了報告，說秦國把魏國打敗了，魏王割讓十座城給秦國求和。趙肅侯擔心秦國馬上要來打趙國，讓蘇秦想個法子。

怎樣才能叫秦國不打趙國呢？蘇秦就利用他的在鬼谷子處學習時的同學張儀到秦國去說服秦王連橫。張儀對秦惠文王說：「要是咱們發兵去打趙國，那麼韓、魏、楚、齊、燕一同出兵幫它，咱們該對付哪個好呢？越逼得緊，人家越怕，越害怕就越需要聯合起來共同抵抗。還不如去聯絡六國中的幾個諸侯，把多數拉過來再打少數。」

秦惠文王依張儀的建議，暫時就不向趙國進攻了。

趙肅侯知道秦國不來打趙國了，就派蘇秦去說服各國諸侯聯合起來抗秦。

蘇秦到了韓國，對韓王說：「韓國可是泱泱大國，方圓九百多里，有幾十萬軍隊，天下的強弓、勁弩、利劍都出自韓國。韓國士兵雙腳踏弩射箭，能連射百發以上。用這樣勇猛的士兵，披上堅固的盔甲，張起強勁的弓弩，手持鋒利的刀劍，說一個抵百個也不誇張。」

「大王若是屈服秦國，秦國必定索要宜陽、成皋兩城，今年滿足了它，明年還會要求割別的土地。再給它已無地可給，不給又前功盡棄，要蒙受後禍。」

「大王的土地有限而秦國的貪慾沒有止境，以有限的土地來迎合無窮的慾望，這正是自找苦吃，沒打一仗就丟光了土地。俗話說：『寧為雞首，毋為牛後。』大王您這樣賢明，

擁有韓國的強兵，而落個『牛後』的名聲，那時我在背地裡也要為您感到害羞了！」

韓王覺得蘇秦說得十分有理。

蘇秦到了魏國後，對魏惠王說：「大王，您的國土雖然不大，但是城市化的程度真是已經很高了，您看啊，這車馬絡繹不絕，到處是一片繁榮的景象，不止這樣，您還有無數敢死隊，個個都是硬漢，您的實力絕不在楚國之下，這樣的資源，怎麼能拱手讓給秦國啊！」

魏惠王聽從了蘇秦的勸說。

蘇秦到了齊國，對齊宣王說：「齊國四面都有要塞，方圓兩千餘里，披甲士兵幾十萬，糧草堆積如山。相比之下，韓國、魏國之所以十分害怕秦國，是因為與秦國接壤，出兵對陣，作戰用不了十天，就到了生死存亡的關頭。韓國、魏國如果打敗了秦國，自身也會損傷過半，難守邊境；如果敗給秦國，那緊接著國家就會面臨滅亡的危險。所以，韓國、魏國對與秦國作戰十分慎重，常常表示屈服忍讓。「

「現在秦國要進攻齊國就不是這樣了。它要背向韓、魏，經過衛國陽晉的道路，途經險要地段，戰車不能並排前進，戰馬不能並排奔跑，只要有一百人扼守險要，哪怕有一千人也不敢通過。秦軍雖然想深入齊國但有後顧之憂，害怕韓、魏在後面謀算它。」

齊宣王說：「既然如此，該如何辦呢？」

蘇秦回答說：「聖人做事，能夠轉禍為福，因敗取勝。大王可以聽從我的意見，不如歸還燕國的十座城邑，並用謙

恭的言辭向秦國道歉。當秦王知道大王是因為他的緣故而歸還了燕國的十座城邑，一定感激大王。」

「燕國平白無故收回城邑，也會感激大王，如此，大王不就避開了強敵，反而和他們建立了深厚的友誼嗎？再說燕秦都會討好齊國，那麼大王發號施令，天下諸侯又有誰不會聽從呢？大王只用話語表示親近秦國，又以十座城邑取得天下的支持，這可是霸主的事業，也是所謂轉禍為福，因敗建功的好辦法。」

齊宣王聽後非常高興，於是把燕國的十城送回，隨後又送千金表示致歉，並在一路上叩頭，希望結為兄弟之邦，懇請秦國赦罪。

蘇秦來到楚國，對楚威王說：「楚國其實是個強國。楚國地多，人多，錢也多，這樣霸主的資格，是無人能敵的！您和秦國現在勢不兩立，不如聯合其他國家，您做大王，我讓那些小國馬上給您進貢來，您怎麼能放著這眼前的利益都不要，反而要去割地向秦求和呢？」

接著，蘇秦又對楚威王分析了合縱與不合縱的種種利害關係。經過一番唇槍舌戰後，最終，楚威王也採納了蘇秦的合縱主張。

蘇秦威風凜凜地周遊列國，「以三寸之舌為帝王師」，說得韓、魏、楚、齊各路諸侯怦然心動，趨之若鶩、言聽計從。西元前三百三十三年，趙、燕、韓、魏、齊、楚六國開始結盟。蘇秦作為六國的相國，同時作為縱約長主持了六國聯盟儀式。六國諸侯首腦，告拜天地，訂了盟約。

蘇秦與六國約定互相和睦相處、合縱抗秦之後，回到了趙國，趙肅侯封他為武安君。蘇秦把六國合縱的協約送給了秦王，秦王大驚，在十五年之中沒敢派兵東出函谷關。

蘇秦的說辭，汪洋恣肆，犀利流暢，氣勢磅礡，大有一發而不可收之勢。其說辭或誇張、或描寫、或排比、或比喻，有時形象對比，有時引經據典，有時渲染氣氛，有時動之以情，有時說之以理，從而形成他獨特而雄辯的外交辭格。

六國合縱，本來就是從各自的利益出發，所以根基不深。後來，秦國派公孫衍出使齊國、魏國，動員他們一起征伐趙國，以此來破壞六國合縱。蘇秦離開趙國，合縱聯盟瓦解了。

閱讀連結

蘇秦年輕時曾在許多地方做事，但沒做出什麼成績，連家裡人都瞧不起他。蘇秦十分傷心，決定從此發憤讀書。

他每天天不亮就起床讀書，一直到深夜。有時學習時打盹，蘇秦怕耽誤讀書，就準備一把錐子在身邊，一有睏意就用錐子猛刺大腿一下，這樣一疼，他立刻就清醒起來，振作精神繼續讀書。

這就是「錐刺股」的故事。由於蘇秦刻苦讀書，後來他又走出家門到外面做官，曾經任戰國時期幾個國家的相國，成為當時著名的外交家。

藺相如外交智壓秦昭王

■政治家藺相如雕像

藺相如（前三百二十九年～前兩百五十九年），今山西柳林孟門人，一說山西古縣藺子坪人。戰國時趙國上卿，趙國宦官頭目繆賢的家臣，戰國時期著名的政治家、外交家。

藺相如以國家利益為重，善於人和，不畏強暴，出使秦國，留下流芳千古「完璧歸趙」的故事；他為國家利益，忍辱負重，使大將廉頗「負荊請罪」。

他透過完璧歸趙和澠池之會兩次外交活動，有勇有謀，軟硬得當，進退有據，該回擊和爭取的地方寸步不讓，有理有利有節。在強秦意圖兼併六國的時候，讓秦國的圖謀屢屢受挫。藺相如為趙國立下了汗馬功勞，堪稱外交天才。

西元前兩百八十三年，趙惠文王得到楚國的和氏寶玉。這塊寶玉相傳為春秋時楚國人卞和在山中發現，原為一塊含有寶玉的石塊，玉工們都說只是塊石頭而已，楚國國王因此惱怒，卞和分別被砍去左右腳後抱著璞玉在山中哭泣。

趙惠文王知道後，叫人剖開石頭，果然得到一塊稀世美玉。因卞和也叫和氏，所以取名「和氏璧」。

秦昭王聽說趙國王成了這塊寶玉的新主人後，十分想得到這塊寶玉，於是派遣使者送信給趙惠文王，信裡表示願意拿秦國的十五座城邑來換取這塊寶玉。

趙惠文王得到信後，拿不定主意，十分為難。如果把和氏璧送給秦國，恐怕秦國不會真用十五座城來交換，白白地受到欺騙；如果不給，秦強趙弱，又怕秦國出兵攻打趙國。於是，就把大將軍廉頗和其他許多大臣招來，商量對策。大家想派個使者到秦國去交涉，又找不到合適的人選。

正在此時，宦官繆賢推薦自己的家臣藺相如，說此人智勇雙全，不如派他到秦國去。

趙王派人把藺相如招來，問道：「現在秦王要用十五座城邑來換和氏璧，可以答應嗎？」

藺相如說：「秦強趙弱，我們不能不答應。」

趙王又問：「要是秦王得了璧，卻不肯把城交給趙國，又該怎麼辦呢？」

藺相如說：「確實如此，但秦國用十五座城來換和氏璧，如果趙國不答應，那就是我們理虧，秦國也正好有藉口攻打趙國；要是趙國把璧送到秦國，而秦國不肯把城交給趙國，那麼就是秦國理虧。比較一下，最好是答應秦國，把璧送去，讓秦國負不講道理的責任。」

停了一會兒，他接著說：「我想大王現在可能沒有適當的人選吧，我倒願意出使秦國，假如秦國真的把城邑交給趙國，我就把寶玉留在秦國；如果秦國不交城邑，我一定把寶玉完完整整地帶回來。」

　　於是，趙惠文王任命藺相如做使臣，帶著和氏璧出使秦國。

　　秦昭王在秦宮章臺接見藺相如，藺相如雙手捧璧，獻給秦王。秦王接過璧，展開包著和氏璧的錦袱觀看，果然純白無瑕，寶光閃爍，雕鏤之處，天衣無縫，真不愧是稀世之寶。秦王非常高興，又依次遞給妃嬪、文武大臣和侍從們欣賞。眾人都嘖嘖稱讚，歡呼「萬歲」，向秦王表示祝賀。

　　過了很久，秦王卻絕口不提以城換璧的事，藺相如知道秦王絕對不會以城換璧，心生一計，對秦王說：「這塊寶玉很好，就是有點小毛病，讓我指給大王看。」

　　秦王聽後，就把璧交給他。

　　藺相如接過璧，迅速後退幾步，身子靠著柱子，憤怒得連頭髮都快豎起來，義正詞嚴地對秦王大聲說道：「大王當初想要這塊美玉，寫信給趙王。答應用十五座城來交換，當時趙王召集文武大臣商議，都說秦國貪得無厭，仗著勢力強大，想用幾句空話騙取趙國的寶玉。大家都不同意把璧送來。」

　　「可我卻認為：即使老百姓交朋友，尚且互不欺騙，何況秦國是個堂堂大國呢？再說也不能因為一塊璧的緣故而傷了兩國的和氣。趙王採納了我的意見，並且還齋戒了五天，

寫了國書，然後派我作使臣帶著寶玉到秦國來。態度如此恭敬。」

「可大王卻在一般的離宮接見我，而且態度又這樣傲慢。大王把這麼貴重的寶玉，隨便遞給宮女侍從們觀看，分明是在戲弄我，也是對趙國不尊敬。」

「我看大王並沒有用城換璧的誠意，所以我把它要了回來，如果大王一定要逼迫我，我情願把自己的腦袋和這塊寶玉在柱子上撞個粉碎！」說罷，舉起和氏璧，眼瞅柱子，作勢向柱子砸去。

秦王怕藺相如把璧砸壞，趕忙賠禮道歉，請他不要那樣做；一面叫來掌管地圖的官員送上地圖，秦王攤開地圖對藺相如說，從這裡到那裡的十五座城，準備劃歸趙國。

藺相如想秦王現在不過是裝裝樣子，絕不會把城給趙國，於是又對秦王說：「這塊和氏璧，是天下公認的寶貝，趙王非常喜歡，可因為害怕秦國勢力強大，不敢不獻給秦王，在送走這塊璧的時候，趙王齋戒了五天，還在朝廷上舉行隆重的儀式。現在大王要接受這塊璧，也應該齋戒五天，然後在朝廷上舉行九賓之禮，我才能把璧獻給大王。」

秦王想到璧在藺相如手裡，不好強取硬奪，便答應齋戒五天，然後，又派人送藺相如到賓舍去休息。

到了賓舍，藺相如想到秦王雖然答應了齋戒五天，但一定不會真把城給趙國，於是就選了一名精明的隨從，讓他穿上粗布衣服，打扮成普通老百姓，揣好和氏璧，悄悄地從小路連夜趕回趙國去了。

再說秦王假裝齋戒了五天，就在朝廷上設下隆重的九賓之禮。兩邊文武大臣排列，傳下命令，要藺相如來獻璧。

藺相如走上朝廷，對秦王行了禮說：「秦國從秦穆公以來，已經有二十一位國君了，沒有一個是講信用的。我怕受大王的欺騙而對不起趙國，所以早派人帶璧離開秦國，恐怕現在早已到趙國了。」

秦王聽了，十分惱怒。

藺相如仍舊從容不迫地說：「今日之勢，秦強趙弱，因此大王一開始派使者到趙國要璧，趙國就不敢違抗，馬上就派我把璧送來。如果要是秦國真把十五座城割讓給趙國以換取和氏璧，趙國哪敢要秦國的城邑而得罪大王？」

「現在，我欺騙大王，罪當萬死，已不存生還趙國之望，就請大王把我放在油鍋裡烹死吧，這樣也能使諸侯知道秦國為了一塊璧的緣故而誅殺趙國的使者，大王的威名也能傳播四方了。」

秦王的陰謀被徹底揭穿，又狡辯不得，只好苦笑。秦王左右的大臣衛士，有的建議把藺相如殺掉，但秦王說：「現在即使把藺相如殺了，也得不到璧，反而損害了秦趙兩國的友誼，也有損秦國的名聲，倒不如趁機好好招待他，讓他回趙國去。」

秦國以後一直不肯把十五座城割給趙國，趙國自然也就沒有把璧送給秦國。

就在藺相如出使秦國的第二年，也就是西元前兩百八十二年，秦國派大將白起攻取了趙國的兩塊地方。在隨

後的兩年裡，秦國又派兵攻佔趙國的地盤，並在秦趙兩國交戰中消滅趙國兩萬多軍隊。

西元前兩百七十九年，秦昭王想和趙國講和，以便集中力量攻擊楚國，於是派使者到趙國，約趙惠文王在西河外的澠池見面，互修友好。

趙王非常害怕秦國，不想去參加。廉頗和藺相如都建議趙王說：「大王不去，顯得趙國既軟弱又怯懦。」

趙王於是動身赴會，並讓成功出使國秦國的藺相如隨行。

廉頗帶領大軍把趙王送到邊境。分手之際，他對趙王說：「這次大王去澠池，路上來回的行程，加上會見的時間，估計前後不會超過三十天。為了防止意外，要是過了這個日期大王還未回來，請允許我們立太子為王，以斷絕秦國扣留大王要挾趙國的念頭。」

趙王同意了。

廉頗送走趙王后，馬上在邊境上佈置了大量的軍隊，防備秦國的進攻。

趙王他們到了澠池，見到秦王，雙方行過禮，便在筵席上敘談。酒到中巡，秦王對趙王說：「我聽說你喜歡彈瑟，就請你彈一支曲子助助興吧！」

趙王不敢推辭，只好彈了一曲。這時，秦國的御史走了過來，在簡上寫道：某年某月某日，秦王和趙王在澠池宴會，秦王命趙王彈瑟。

藺相如見此不悅，上前對秦王說：「趙王聽說秦王擅長擊缶，我這裡有個缶，請你敲缶，讓大家高興高興。」秦王聽了勃然大怒，不肯答應。

　　藺相如又端起缶走過去，獻給秦王。秦王還是不肯敲。藺相如就說：「我離大王只有五步，如果大王不答應，我拼著一死，也要濺你一身血。」意思是要和秦王拚命。

　　秦王的侍衛看到秦王受到脅迫，慌忙拔出刀來，要殺藺相如。藺相如瞪著雙眼，大喝一聲，嚇得侍衛連連後退。

　　秦王雖然很不情願，也只好勉強在缶上敲了幾下。藺相如回頭叫來趙國的御史，讓他也把這件事情記下來：某年某月某日，趙王和秦王在澠池宴會，趙王命秦王敲缶助興。

　　秦國大臣們見秦王沒有佔便宜，就說：「請趙王獻出十五座城地為秦王祝福！」

　　藺相如馬上想到了秦國的都城咸陽，就說：「請秦王拿咸陽為趙王祝福！」

　　一直到酒筵結束，藺相如為了維護國家的尊嚴，機智勇敢地同秦國君臣進行了針鋒相對、不屈不撓的鬥爭，挫敗了秦國的圖謀。秦國也知道廉頗率領大軍駐紮在邊境上，使用武力也得不到好處，便只好恭恭敬敬送趙國君臣回國。

　　澠池之會後，相如以功授官為上卿，位在廉頗之上，廉頗不服氣，以至於有後來的「負荊請罪」。

藺相如憑著出色的外交才能和大智大勇，不但捍衛了國家利益，維護了國家尊嚴，還狠狠教訓了一下不知天高地厚的秦國。

閱讀連結

澠池會結束以後，趙王封藺相如為上卿，位在廉頗之上。廉頗很不服氣，並揚言說要當面羞辱藺相如。藺相如聽到後，總是躲著廉頗，不肯和他相會。

廉頗的門客問起這事，藺相如對門客說：「強大的秦國之所以不敢攻打趙國，就是因為有廉將軍在。我之所以這樣忍讓，就是為了要把國家的急難擺在前面，而把個人的私怨放在後面。」

廉頗聽說後深感羞愧，他脫去上衣，光著身子背著荊條，來向藺相如請罪。二人和好，成為生死與共的好友。

▊范雎遠交近攻外交策略

■秦國外交名家范雎畫像

范雎，生年不詳，卒於西元前二百五十五年，字叔，戰國時魏國人。著名政治家、軍事謀略家。封地在應城，今河南魯山之東，所以又稱為「應侯」。范雎是戰國末期秦國外交名家。他上承秦孝公時變法圖強之志，下開秦始皇統一帝業，是秦國歷史上繼往開來的一代名相。

　　他是中國古代在外交方面極有建樹的謀略家，其「遠交近攻」之策，是他對秦國的偉大貢獻，也是中國古代兵家計謀和軍事謀略學的寶貴遺產。正是在這一策略的指引下，秦國才一步一步完成了統一大業。

　　秦朝丞相李斯在《諫逐客書》中曾高度評價范雎對秦國的建樹和貢獻：「昭王得范雎，強公室，杜私門，蠶食諸侯，使秦成帝業。」

　　范雎原為魏國人，當初，他很想為魏國建立功業，只因家貧無法得見魏王，便投在中大夫須賈門下當門客。

　　魏昭王讓須賈出使齊國，命范雎隨往。到達齊國後，范雎的雄辯之才深得齊王敬重。齊王想留下他任客卿，還贈送黃金十斤，牛、酒等物，但都被范雎謝絕了。

　　不料須賈心胸狹隘，怕范雎搶佔頭功，回國後不僅不讚揚他的高風亮節，反而向國相魏齊誣告范雎私受賄賂，向齊國泄露魏國祕密。

　　魏王大怒，命人毒打范雎，還把他丟在廁所裡，使他受盡侮辱。但他機智地買通看守，謊稱已經死去，逃出了地獄，化名藏匿於民間。

范雎避禍時正值戰國末期，七雄爭霸。秦國經商鞅變法之後，勢力發展最快，到秦昭王時，開始圖謀吞併六國，獨霸中原。

西元前二百七十年，秦昭王準備興兵伐齊。第二年，秦昭王派遣王稽出使魏國。這時，范雎的朋友鄭安平趁機向王稽推薦了范雎。在王稽與范雎一夜長談之後，認定范雎是個不可多得的人才，幾經磨難，將他帶回了秦國。

到了秦國後，范雎透過王稽獻書秦昭王。他在信中說道：「我聽說英明的君主執政，對有功於國者給予賞賜，有能力的人委以重任；功大者祿厚，才高者爵尊。故不能者不敢當職，有能者也不得蔽隱。而昏庸的君主則不然，賞其所愛而罰其所惡，全憑一時感情使然……」

「我聽說善於使自己殷富者大多取之於國，善於使國家殷富者大多取之於諸侯。如果天下有了英明的君主，那麼諸侯便不能專權專利了，這是為什麼呢？戰國時期的竹簡因為明主善於分割諸侯的權力。良醫可以預知病人之死生，而明主則可以預知國事的成敗。利則行之，害則舍之，疑則少嘗之，即使是舜禹再生，也不可能改變呀！」

「有些話，在這封信裡我是不便深說的，說淺了又不足以引起大王的注意……我希望大王能犧牲一點遊玩的時間，準我望見龍顏。如果我所講的對於治國興邦之大業無效，我願接受最嚴屬的懲罰。」

范雎的話擊中了秦昭王的心病。秦昭王處在宗親貴戚的包圍中，貴族私家富厚日趨重於王室，早有如芒刺在背之感，

對這樣的諫詞自然十分關切。由此可見，范雎不僅胸藏治國韜略，而且工於心計。

秦昭王看了信很高興，聽了王稽的建議，派專車去接范雎。范雎來到秦宮，接待他的規格很高，秦王親自到大廳迎接。因此，凡是見到范雎的人，無不肅然起敬，刮目相看。

秦王屏退左右，宮中只剩下他們兩人，秦王跪身向范雎請求說：「先生怎樣來教導我呢？」

范雎只是「嗯、嗯」兩聲。

過了一會兒，秦王再次請求，范雎還是「嗯、嗯」兩聲。就這樣一連三次。秦王又拜請說：「先生難道真的是不教我了嗎？」

范雎試出了秦王的誠心，便巧妙地頌揚秦國開始，經過充分的鋪墊，最後才點出了秦國的弊端隱患：「大王現在緊閉關口，不敢出兵對付山東諸侯。長此以往，大者宗廟傾覆，小者自身孤危。這是臣最恐懼的。」

其實，這些弊端雖確有之，但屬細枝末節，並非治理秦國的當務之急。范雎所以要論及此事，意在用「強幹弱枝」，即主要頌揚秦國以迎合秦昭王。戰國時期軍隊作戰時的弓弩手王果然與他推心置腹。

范雎雖已取信於秦昭王，但因初入秦國，尚不敢深涉內政，所以處處細心，觀察秦王俯仰。

不久，范雎再次觀見秦昭王，他從分析秦國的優勢入手，即使秦昭王感到欣慰，也使他感到警怵，因而沒等范雎說完，

秦昭王便恭恭敬敬地說：「寡人願聞其詳」了。這時，范雎才向秦王建議，在外交上應該採取遠交近攻的策略。

范雎的「遠交近攻」，就是當實現軍事目標的企圖受到地理條件的限制難以達到時，應先攻取就近的敵人，而不能越過近敵去打遠離自己的敵人。為了防止敵方結盟，要千方百計去分化敵人，各個擊破。

消滅了近敵之後，「遠交」的國家又成為新的攻擊對象了。「遠交」的目的，實際上是為了避免樹敵過多而採用的外交誘騙。遠交近攻，是分化瓦解敵方聯盟，各個擊破，結交遠離自己的國家而先攻打鄰國的策略性謀略。這就是范雎遠交近攻的著名策略主張。

范雎還為這一策略原則擬定了具體的實施步驟。

第一，就近重創韓、魏，以解除心腹之患，壯大秦國勢力；

第二，北謀趙，南謀楚，扶弱國，抑強敵，爭奪中間地帶，遏制各國的發展；

第三，韓、魏、趙、楚依附於秦之後，攜五國之重，進而威逼最遠且是當時最強的對手齊國，使其迴避與秦國的競爭；

第四，在壓倒各國的優勢下，最後逐一消滅韓、魏諸國，最後滅齊，統一天下。

秦王一聽，讚歎地說：「太好了！」

秦王很欣賞范雎的外交主張，拜范雎為客卿，讓他參與國家大政。隨後，秦王按照既定策略，開始了兼併六國的行動。

西元前兩百六十八年，秦王用范雎的計謀，派兵伐魏，攻克懷地，兩年後攻克刑丘。西元前兩百六十五年，秦軍又發兵佔領韓國的高平、南陽、野王等地，將韓國攔腰斬斷，使整個上黨地區完全孤立起來。

秦國在戰爭中獲得了人力、物力等方面的巨大補償，實力更其強盛，因而東進步伐大大加速，擴大了對趙、楚兩國的戰爭規模。到了西元前兩百二十一年，秦始皇吞併六國，實現了全國統一，建立起中國歷史上第一個封建王朝。

歷史是個古怪的老人，順之者昌，逆之者亡。范雎相於秦，恰恰順乎中國政治之大勢，所以才被寫上了重重的一筆。

范雎明確提出的「遠交近攻」外交策略思想，不僅為秦逐個兼併六國最後統一中國奠定了策略基礎，而且對後世也有著深遠的影響，是中國古代著名的成功策略思想之一。為中國政治、外交思想史增添了光輝的一頁。

閱讀連結

范雎在魏國時曾遭須賈陷害，被魏王暴打後丟入廁所。范雎逃出後做了秦國丞相，魏人誰也不知此事。後來魏國聽說秦國要來進攻，就派須賈出使秦國。范雎聽說須賈來了，就喬裝打扮，穿一套舊衣服來見須賈。

　　須賈見他貧寒，取一件粗綢袍子送他。須賈要見丞相，范雎與他一同乘車來到相府門口，范雎先入，須賈問明情況，才得知范雎為丞相，心中驚恐萬分。

　　范雎指明了他的罪狀，並說：「今天免你一死，是由於你送我一件粗綢袍子。」

中古時期 始通世界

秦漢至隋唐是中國歷史上的中古時期。這一時期，隨著秦始皇開拓海疆和秦漢時期絲綢之路的海陸齊開，中國的外交事業走出亞洲，走向世界，取得了舉世矚目的成就。

尤其是隋唐時期，由於國力強盛，經濟文化處於世界領先地位，加之政府開明的對外政策，對各國產生了巨大吸引力，對外交往空前發達。

其中的許多優秀外交家如徐福、張騫、裴世清、鑒真和玄奘等，他們的外交貢獻體現了中國中古時期外交的成就，也對世界產生了極為深遠的影響。

▌秦代陸通南北與開拓海疆

■秦始皇嬴政

　　秦代外交領域的活動主要是加強境內民族往來和開拓海疆。秦代對嶺南、西南和北方等邊遠地區的開拓，理順了境內各民族之間的關係，使戰國後期的民族矛盾得到瞭解決，使秦朝的疆域得到了鞏固。同時，加強了各民族之間的友好往來，促進了這些地區的穩定和發展。

　　秦代還開拓海疆，海上絲綢之路的開闢，開始了中國與世界各國的首次接觸，為後來經貿的發展奠定了良好基礎。

　　秦始皇在兼併六國之後，為瞭解決長久以來的民族矛盾，穩定和發展邊遠地區，首先開始了開拓嶺南的大規模軍事行動。

在當時，秦始皇派遣國尉屠睢發兵五十萬，兵分五路，水陸並進，但抵達南嶺後，卻遭到了西甌等族人的頑強抵抗。另外軍糧的轉運受阻，致使秦軍糧食匱乏，無力作戰。

為瞭解決這一嚴重問題，秦始皇乃命監御史祿鑿渠通道，修成了靈渠。

靈渠大約修成於西元前兩百一十九年。這一工程的興建，直接解決了軍糧轉輸的困難。秦軍得到沿湘江、經靈渠運抵嶺南的大批糧餉與物資的接濟，才得以深入西甌，基本控制這一地區。

在此基礎上，秦始皇又徵集流亡的人、奴隸及商人，把他們安置在桂林、象和南海三郡，基本上統一了嶺南。後來，秦二世時又徵集一點五萬名未婚婦女至嶺南，這些女子們後來都與將士和當地人成了婚，建了家，立了業，不再回北方去。秦還一再大批地遷徙刑徒和內地民眾到這裡屯戍墾殖。

大批內遷民眾南遷之後，在那裡任職的秦朝地方官為民辦了不少好事、實事。比如：掘井築城，設衙修路；傳播先進的中原文化和文明；推廣先進的生產力和農耕技術；改善越人居住條件；培養和起用越人做官；維護了良好的社會治安；推廣優良品種；遷漢人與越人雜居，鼓勵士卒與中原人和越人通婚等。

這些措施，穩定和發展了嶺南地區，促進了中原文化的傳播和民族融合，影響深遠。今天許多外來的遊客高度評價嶺南真是人傑地靈，山美，水美，人更美，這實際與中原人與當地人成婚，不斷地繁衍生息，世代相傳是分不開的。

　　成功開拓了嶺南後，秦代又開鑿五尺道，打通了通往西南的道路。當時的西南地區，主要包括今貴州、雲南、四川一帶，分佈著許多少數民族，秦漢時期統稱之為西南夷。秦併六國後，為了加強與西南各族人民的交往，秦始皇派人開鑿了一條從今四川宜賓通往雲南滇池一帶的棧道，因其處在險惡之地，道寬僅有五尺，故名「五尺道」。

　　五尺棧道開通後，秦皇朝的勢力直接抵達且蘭、夜郎、邛都、昆明等地，並在這裡設官置吏，建立行政機構。與此同時，秦又經略蜀郡，治今四川成都，加強了與邛都、筰、冉的聯繫，並使之納入了郡縣制的行政系統。

　　從此以後，西南少數民族地區不僅密切了與中原的關係，而且成為了統一多民族國家的一部分。

　　秦代除了加強與南部邊遠地區的往來意外，還為了安定北邊，北擊匈奴。

　　匈奴是中國古代多民族國家的一個強大的遊牧民族。他們主要活動於蒙古高原和南至陰山、北抵貝加爾湖的廣袤地區。

　　以頭曼單于為代表的匈奴貴族統治者，曾經派兵佔據了戰國末期趙國的大片區域，並繼續南下侵擾。秦朝建立後，匈奴的侵擾日益加劇，這是對剛剛建立的秦皇朝北邊的嚴重的威脅。

　　為瞭解除侵擾，安定北邊，維護國家的統一，秦始皇命蒙恬發兵三十萬，大舉出擊。在反擊戰鬥中，蒙恬採用了集

中兵力，窮追猛打，速戰速決的作戰原則，很快的就收復了河南地以及榆中一帶的廣大地區。

接著，他率軍渡過黃河，乘勝追擊，進抵高闕。高闕即今內蒙古臨河縣北的狼山口。這裡原是趙國的軍事要地。

秦軍在奪回高闕後，又收復了陽山和北假，直抵陰山一帶的廣大地區，並在這裡分設三十四縣，重新建立九原郡，使其統轄北抵陰山，南至河南地以北，東鄰雲中的大片邊地。同時，秦朝又徙去大批刑徒，還鼓勵一般民眾移居邊地。這些遷去的民眾與刑徒，一面屯墾，一面戍邊，對於開發北方邊地，充實武備，發揮了重要作用。

秦代反擊匈奴的勝利，是對匈奴侵擾勢力第一次最沉重的打擊。這場反擊戰，解除了匈奴的侵擾與破壞，使今河套內外，大河南北的廣大地區，在一個相當長的時間內擺脫了兵禍的災難。

這對於中國古代統一多民族國家的形成，促進這些邊遠地區經濟文化的發展，保護包括匈奴人民在內的各族人民生命財產的安全，是有積極意義的。

秦在勝利擊敗匈奴的侵擾之後，為了鞏固在戰場上勝利的成果，秦始皇又命蒙恬主持修築了中國歷史上最大的軍事防禦工程萬里長城。

長城修築後，雖未能阻擋匈奴的南下，但在當時的歷史條件下，還是發揮過一定的防衛作用。同時，長城本身作為偉大的建築工程遺留後世，則是中國古代富於智慧和獨創性的見證。

古代外交：歷代外交與文化交流
中古時期 始通世界

秦代的陸路開拓，使它的勢力東至海暨朝鮮，西至臨洮、羌中，南至位於北迴歸線以南的北響戶，北據為塞，並陰山至遼東，從而形成了一個遼闊的疆域。秦代還致力於開拓海疆，利用已有的東海起航線，進一步加強了與海外的貿易往來，開闢了海上絲綢之路。

海上絲綢之路是古代中國與外國交通貿易和文化交往的海上通道。當時的主要有東海起航線，是已知的最為古老的海上航線。

東海起航線最早始自周武王滅紂，建立於周王朝的西元前一一一二年，當時周王封箕子到朝鮮，從山東半島的渤海灣海港出發，到達朝鮮，教其民田蠶織作。

秦在完成平定嶺南的大業後，在嶺南設南海郡、桂林郡、象郡三郡，並以南海郡為中心，逐步發展起繁榮的嶺南經濟圈。

秦末，北方征戰不休，嶺南地區由趙佗統治，史稱南越國，是當時少有的和平地區。趙佗利用東海起航線加強對外往來。

當時的南越國是南島人種的發源地。先秦時代稱之為百越民族，是世界上分佈最廣的民族之一，他們擁有優秀的航海經驗和冒險精神，足跡遍及太平洋和印度洋，史前時代起即開始了向遠洋遷徙，馬達加斯加、夏威夷、紐西蘭均有分佈。而秦代南越國的海路西探，已經到達東南亞諸國，並且到達印度。

當時嶺南地區主要出產絲綢類紡織品。趙佗為尋找重要的軍需物資鐵資源，開始謀求海上路線，以便通往西方國家，開展貿易活動。海上絲綢之路由此形成規模。

透過這條貿易通道，趙佗將嶺南地區的絲綢向西方輸出，以此換取了各種物資。在中國對外輸出的同時，希臘工匠也透過這條通道來到中國，參與了南粵王宮殿的建造。

後來的考古工作者們在廣州的南越王墓中出土的希臘風格銀器皿，以及在南越國宮殿遺蹟發掘出來的石製希臘式樑柱，就是相當好的證明。

除了趙佗利用海上絲綢之路與海外進行貿易往來外，秦始皇兵吞六國時，齊、燕、趙等國人民為了逃避苦役而攜帶蠶種和隨身的養蠶技術不斷泛海赴朝，更加速了絲織業在朝鮮的傳播。

秦代對嶺南、西南以及北方等邊遠地區的開拓，溝通和理順了各民族的關係，使各族人民生活在一個遼闊的疆域裡，在同一個國家政權的管理之下，從而形成了一個統一多民族的大國，這不論是在中國還是世界上都具有極為重大而深遠的意義。而秦代海上絲綢之路的利用和發展，使中國古代外交溝通更加廣泛，為後來漢代陸上絲綢之路的開闢，做了商業與文化訊息上的準備。

閱讀連結

秦始皇叫嬴政，在建立秦國之前人稱秦王政。當時有一個叫尉繚的人求見秦王政。尉繚是魏國大梁人，是當時著名的軍事理論家、遊說家。

　　傳說尉繚曾拜鬼谷子為師，學成後隱居山林。他向秦王政講述了一些外交之道，收買六國高官重臣的外交手段是他所提出來的。秦王政很高興，下令重賞尉繚。

　　哪料尉繚對秦王政的評價卻並不高，說他「少恩而虎狼心」。秦王政不但沒有懲罰他，反倒仍然封他做了大官。秦王政的胸襟由此可見一斑。

▍徐福東渡的皇家探險活動

■秦朝著名方士徐福塑像

　　在秦代的對外交往中，徐福東渡東瀛可以說是一次壯舉。

　　徐福即徐市，字君房，齊地琅琊，今江蘇贛榆人。他是鬼谷子先生的關門弟子。

他是秦朝著名方士，博學多才，善於文學辯才，通曉神仙方術，精通醫藥學、煉丹、觀相、天文、氣象、航海等知識。

他帶領船隊穿越海峽到達日本，並在那裡定居，將中國的先進技術和文化傳播到了日本，對日本文明的發展產生了巨大的影響。

秦始皇在第一次巡遊海上時，曾派徐福出海遠航東瀛。歷史上曾經將這次遠航看做是秦始皇派其出海尋仙，求長生不死之藥。然而，徐福東渡東瀛的目的其實是一個流傳了兩千多年的傳說。

剛剛完成統一大業的秦始皇並不信鬼神，他不需要像三皇五帝那樣去借助鬼神的聲名來維繫統治。作為一個吞併六國，建立秦帝國的始皇帝，秦始皇有理由堅信：以自己的治國方略就可以令國家安定。

而祈求長生不老，只是他隨著年紀的增長而滋生出來的願望而已。所以，徐福出海就不是尋仙求藥那麼簡單了。

事實上，徐福出海的真正目的，是奉秦始皇之命開拓海疆的。雖然徐福也有尋找仙藥的打算，但比之於他對日本的影響，顯然志不在此，而完全可以稱得上是一次大規模的皇家探險活動。

秦始皇統一全國後，多次巡海，已足見其對海疆的重視。開拓海疆，再展國土，是秦始皇的宏願。西元前爾百二十一年，秦始皇第一次巡海時，便派徐福帶人出海探險。

秦始皇第一次巡海後，徐福奉始皇之命，帶領青年男女五百餘人，分乘二十艘大木船，從廣東沿海出發，向東駛向了日出的方向。

經過幾十個晝夜艱苦航行，東方的地平線上終於出現了一塊陸地，這就是九州島。徐福告訴眾人，應該靠岸了，眾人無不歡欣鼓舞。

九州島其實就是現在的日本第三大島。它位於日本西南端，與中國隔黃海、東海遙對。在當時，九州島有筑前、筑後、豐前、豐後、肥前、肥後、日向、薩摩、大隅九個令制國，遂稱「九州」。

陸地越來越近了，船隊終於在一處海灣靠了岸。這個海灣就是伊萬里灣。徐福他們全部上岸。經過修整後，徐福率眾人返回船上，繼續向東駛去。最後他們駛入有明海，又從有明海進入了九州島筑後國的川河口。

徐福他們在川河口停泊。眾人撥開濃密的葦葉，踏著泥濘登上了河岸。眾人走出那片蘆葦沼澤後，滿身泥水，又饑又渴。正當眾人饑渴難耐時，徐福發現了一口早已乾涸的古井。經過他們一番挖掘修整，古井中冒出了清澈的甜水。眾人立刻汲水痛飲，洗淨了身上的泥漿，然後生火做飯。後來，這裡得名為「洗手井」，即現在的「寺井」。

已故的日本佐賀縣徐福會副會長村岡央麻先生曾經對人說：「傳說徐福率領泥水滿身、饑腸轆轆的童男女在此地上陸後，發現一口乾涸的古井，經挖掘修整，湧出清澈甘泉。眾人立刻汲水痛飲，生火做飯，並洗淨身上的泥汙。於是這

裡得名『洗手井』。日語『洗手井』與『寺井』發音相近，因此「寺井」地名由此產生。」

徐福率領的這批青年人，個個精明能幹，人人都有某種專長和技術。徐福見寺井裡有取之不盡的甜水，就決定在這裡建造房屋，暫時住下來，待探明周圍的情況後再制訂下一步計劃。

有外來船隊登陸的消息，很快就在這一帶的土著居民中間傳開。他們的首領派人進行暗中偵察，偵查的人報告說，上陸的有數百人之多，男的個個英俊，女的個個漂亮，他們穿戴奇特整潔，舉止文明大方，很討人喜歡。首領一聽，轉憂為喜，立即率領眾人帶著吃的喝的前往歡迎。

徐福向土著人說明了來意。土著人熱情地告訴他，由此向北有座金立山，山上生有一種叫「孚勞孚希」的草藥，吃了就可以延年益壽。

金立山是九州島上天山山脈的一部分，現在山上的金立神社始建於兩千多年前的日本孝靈天皇時代。金立神社祭祀有三柱神，主神就是徐福。徐福被當地人尊為司農耕、蠶桑和醫藥之神，也稱金立大神。

金立神社為紀念徐福，每五十年舉行一次盛大的「徐福大祭」祭祀活動，是佐賀市歷史最久、規模最大的祭典。

徐福聽說金立山上有延年益壽的草藥，大為振奮，立即率眾人向金立山出發。可是，從寺井到金立山必須穿過一大片沼澤地，其他別無選擇。徐福他們就用帶來的大批綢布鋪路。

　　當徐福一行踏著鋪路的綢布艱難跋涉到金立山腳下時，一計算，鋪路竟用了上千米的布。這個地方就是日本現在的「千布村」。

　　千布村的部落首領源藏，恭敬地把徐福接到家中，待為上賓，並讓自己的獨生女源藏辰為徐福斟酒助興。

　　徐福向當地土著人傳授了農耕、土木建築、醫藥等知識和技術，受到了他們的擁護和信賴。

　　徐福住在源藏家時，受到辰姑娘無微不至的照料。日子久了，兩人之間漸漸產生了愛慕之情。但徐福重任在身，不能久留，他告別了辰姑娘，進金立山繼續尋找仙草。源藏自告奮勇，為徐福一行帶路。

　　徐福踏遍金立山，嘗遍了數百種野草，苦苦尋找「孚勞孚希」。日復一日，不覺數日過去了。當他回到千布村時，人們告訴他，自從他上山後，辰姑娘因日夜思念他，終於憂鬱而死。當地人為了紀念她，在千布村為她立了一座塑像。徐福聽後大驚失色。

　　徐福為秦始皇飽嘗了難以想像的艱辛，他忽然醒悟，不想再返回秦國了，願把自己的一切獻給這裡勤勞善良的人民。

　　據日本學者的研究：徐福在熊野登陸後，在那裡住了一年，此後率領他的大部分部屬遷徙到富士山北麓居住。此後，徐福在富士山北麓役使百工振興產業，向日本人傳授技術和知識，成績卓著，徐福於西元前兩百零八年逝世，終年七十餘歲。

徐福永遠留在了日本。據有關研究結果統計，隨徐福一起去日本的有老人，壯年夫婦一百三十八對，還有青年幼兒，再加上徐福一家七人，男女老幼共計五百五十三人。

百工中有農夫、大工、木樵、石工、左官、獵師、漁夫、鹽工、油工、紙工、笠工、服裝工、鍛冶工、鑄造師、釀造師、醫師、針師、樂人等。

徐福一行還帶去了各種儒教經典一千八百五十卷，其他書籍一千八百卷。當時中國著名的典籍，幾乎全被帶到了日本。據日本的一些研究者認為，在徐福帶去日本的五百五十三人中，大部分是徐福的族人，這些徐姓人後來是日本民族始祖的主要組成部分。

「徐福是日本民族開國始祖」，並稱，「日本民族的始祖，是徐福和他帶來的一批人。日本歷史上所謂『造化三神』的三座神山聖蹟，與天皇氏之源義，根本就是徐福的化身。」

徐福東渡日本，促成了一代「彌生文化」的誕生。那時，日本還沒有文字，也沒有農耕。徐福給日本帶去了文字、農耕和醫藥技術。

為此，徐福自然成了日本人民心目中的「農神」和「醫神」。這是隨著考古及兩國人民之間的交往逐步被發現和發掘的。

在日本福岡縣板付的考古遺址中，又發現了碳化米粒遺存，經碳十四測定，與在朝鮮半島釜山金海地區發現的碳化米為同一類型。說明在同一個歷史時期，日本人民開始了農業生產，尤其是水稻種植。

　　無獨有偶，恰在同一時期，日本也開始使用青銅器和鐵製生產工具以及絲織品等，而且開始有了文字。日本學界、考古界公認：彌生文化源於中國北方沿海文化。這也是日本文字為什麼和漢字酷似的根本緣由。

　　所謂彌生文化，是指日本繩紋文化之後的一個重要歷史時期，由於最先是在日本東京彌生町發現出土而定名。它起自西元前兩百多年，至西元三百多年之間，恰好相當於中國的戰國末年及秦漢時期。

　　另外，日本學者村新太郎著文，盛讚中國稻米傳入日本的重大意義。他說：「稻米拯救了日本列島饑餓的人們。無論如何稻米要比其他一切事物都值得感謝。米與牲畜、貝類不同，可以長久貯藏。不久，村落形成了國家。」

　　稻米的傳入，結束了日本的漁獵生活，開始了農耕。那麼，日本始終把徐福奉為「農神」和「醫神」當在情理之中。

　　中國文化對日本的影響幾乎無處不在，徐福對中日文化的交流可謂貢獻重大。據統計，在日本的徐福遺蹟有五十多處。當然，他的東渡還有許多未解之謎。比如「方丈」、「瀛洲」果為今之「濟州島」和「琉球島」嗎？徐福在此兩處有何作為？等疑問。

　　為此，海內外已成立了徐福研究會，更有倡立「徐福學」者，以便對徐福航海、天文、地理、醫藥、宗教、冶煉、民族、人種、語言、哲學、民情、民俗等領域進入深入的研究與考證。

徐福東渡給日本所帶去的一切文明，竟促成了一代彌生文化的形成，使日本由蠻荒之地飛躍進了文明社會，這對於日本島國來說，是一個無量的福蔭。徐福的東渡，對中日文化交流造成了巨大的影響，這是當時以拓疆擴土為主願的秦始皇也沒有想到的。

閱讀連結

　　傳說有一天中午，徐福在尋找仙藥時覺得非常疲勞，就坐在一塊大石頭上休息。朦朧中他見有位鶴髮童顏的老者正在煮東西，徐福上前向老者詳述了自己的來意。

　　老者對徐福說：「我鍋中煮的正是你要尋找的草藥。我從一千年前就吃這種藥草，從未得過任何疾病。這種藥草長在山澗和峭壁的古樹下，採摘非常困難。」

　　話音剛落，老者便化作一縷白煙飄然而去，鍋灶也隨之無影無蹤。徐福按照老者的指點果然找到了這種草藥。

漢代與亞洲國家的交往

■漢武帝（前 156 年~前 87 年），劉徹，幼名劉彘。漢景帝劉啟的第十個兒子。漢朝第五代皇帝。中國歷史上著名的政治家、策略家。他憑藉雄才大略、文治武功，使漢朝成為當時世界上最強大的國家，贏得了一個國家前所未有的尊嚴。

中國作為一個國家真正同世界上其他國家和地區發生聯繫並進行交流，是從西元前兩百零六年至西元兩百二十年的漢代開始。中國古代真正打開國門走向世界，也是從漢代開始的。

中國在漢朝時期，經濟繁榮，政治開明，文明先進，外交方面呈現出新的局面，對世界影響深遠。

漢代的對外交流從亞洲開始。漢代與亞洲各國人民有著密切的聯繫，表現在同朝鮮、日本、越南和印度的經濟文化交流的加強。

在與這些國家的交往過程中，讓世界目睹了中國漢代的繁榮與昌盛，讓世界認識了中國。

漢代統治者注重對外交往，先後開闢三條重要的海上航線：一是北起遼寧丹東，南至廣西北侖河口南北沿海航線；二是從山東沿岸經黃海通向朝鮮、日本，三是海上絲綢之路，即徐聞、合浦航線。

在開闢海上新航線的同時，漢代陸路交通也有了發展。在漢代開明的外交政策下，漢代同朝鮮、日本、越南和印度的經濟文化交流空前活躍起來。

朝鮮與中國是唇齒相依的近鄰。朝鮮半島上逐漸形成一些國家之後，他們與漢朝就有正式的使節往來，而經濟、文化上的交流則一直非常密切。

早在漢高祖時，衛滿朝鮮即燕國人衛滿在朝鮮建立的政權滅亡箕子朝鮮後，定都於王險，後為漢藩臣，雙方平安無事數十年。漢武帝時，衛滿的孫子右渠在位，對漢的態度轉為強勢，武帝派楊僕、荀彘率軍討伐，費時一年方得平定，漢在其地設置樂浪、玄菟、真番、臨屯四郡。其中以樂浪郡為最重要，治所在朝鮮縣，管轄朝鮮半島北部，對朝鮮、日本諸部落有很大的影響力。

西元前八十二年，漢朝撤除臨屯、真番二郡，以其地合併到樂浪、玄菟。朝鮮半島北部，除了來自中國的朝鮮人外，尚有濊貊、沃沮等族。此時的半島南部，尚有辰韓、馬韓、弁韓並立，通稱「三韓」。

西漢末年，朝鮮半島的形勢，大致是西北部是漢樂浪郡轄區，東北大部為高句麗所據；新羅據東南部地，百濟據西

南部地。百濟、新羅因居半島南部，與漢朝沒有什麼關係，唯有高句麗與漢接近，關係較為密切。

中朝友好交往與經濟文化的交流，對中華民族和朝鮮民族都是有益的。中朝之間的經貿往來，使雙方互通有無，豐富了兩地的經濟文化生活，這些交流對雙方都有影響，由於中國的文明當時處於世界先進行列，所以對朝鮮的發展進步影響更大一點。

比如朝鮮半島南部「三韓」之一的辰韓，就吸取與借鑑了中國文化的先進成果，形成了許多與秦朝相似的風俗，被時人稱為「秦韓」。

「三韓」的發展水平雖略有不同，但都處在由原始社會向階級社會過渡階段。它們在東漢王朝的強烈影響下，並沒有向奴隸社會發展，而是模仿漢朝的剝削方式和政治制度，直接走上了封建化的道路。

日本是中國一衣帶水隔海相望的近鄰，在日本列島上，很早就有居民生活。很早以前，中國就知道日本。日本在漢朝時被稱為「倭國」。

據《漢書·地理志》記載：「樂浪海中有倭人，分為百餘國。」《後漢書·東夷傳》中也有這樣的記載。當時，中國已經知道日本列島居民生產、生活的一些情況。

自漢武帝於朝鮮設四郡後，中國文化開始影響倭國，倭國通使於漢者達三十餘次。倭奴國也於此時開始對漢作歲時的貢獻，納貢的地點大概就在樂浪郡。這也證明了當時樂浪郡的重要。

漢光武帝初年，遼東太守祭肜威震北方，若干外族國家聞聲朝獻。當時正是日本史上的垂仁天皇時代，日本倭奴國王遣使來漢，漢賜一枚「漢倭奴國王」金印。

　　這枚金印曾於西元一七八四年在九州北部發現，至今是日本的國寶，但其真贋當無法確定。倭奴又於西元一百零七年和兩百零一年兩度來朝。

　　中日之間的交往不斷，中國的水稻、鐵器、絲帛等由經朝鮮傳到日本，日本考古發現的一些工具、器皿的製作也有的跟中國相似，兩者相互印證。中日交往的歷史，既有中國正史中的記載，又有考古文物佐證。這種交往促進了日本生產和文化的發展。

　　中國是東南亞的近鄰。自古以來，中國與東南亞有著密切的聯繫。中國與東南亞的交往始於漢代海上絲綢之路的開闢，更促進了中國與東南亞的經濟、文化和宗教的交流。中華民族的文化傳播到這一地區，尤其是中南半島東部的越南。

　　兩漢時期，中國與越南關係日益密切起來。越南與中國山水相連，聯繫密切。中國從越南輸入土特產和東南亞的珍稀物產，中國的鐵器、農耕技術、水利技術也傳到越南。

　　中越經濟文化的交流，對兩國的經濟文化和社會生活都有積極影響。歸根結底，是西漢政府為了加強對邊疆地區的管轄，加強自己的封建專制統治，是「大一統」思想的體現。

　　漢代與印度交往中，印度佛教傳入具有歷史性意義。普遍認為，佛教是在西漢末年，東漢初年時由印度從西域傳入的。

古代外交：歷代外交與文化交流

中古時期 始通世界

　　根據記載，西元前兩年，西漢時期的景盧出使大月氏，大月氏王令使節伊存口授《浮屠經》。伊存是大月氏使者，景盧受其口授《浮屠經》。這一佛教初傳事件被史稱「伊存授經」。

　　到了西元柳十七年，漢明帝夢見金人，於是派人去西域，迎來迦葉摩騰與竺法蘭兩位高僧，並且帶來了許多佛像和佛經，用白馬馱回首都洛陽，皇帝命人修建房屋供其居住，翻譯《四十二章經》。這個房屋就是現在的白馬寺。

　　在中國佛教史上，多以西元領十七年，作為佛教傳入之年。白馬寺成為中國第一座佛寺。《四十二章經》，也成為中國第一部漢譯佛經。

　　此後，西元一百四十七年，安息人安世高到漢朝傳教譯經；西元一百六十七年，大月氏人支婁迦讖到漢朝傳教譯經。

　　佛教在中國經長期傳播發展，形成具有中國民族特色的中國佛教。由於傳入的時間、途徑不同和民族文化、社會歷史背影的不同，中國佛教形成三大系，即漢傳佛教、藏傳佛教和雲南傣族等地區巴利語系的上座部佛教。

　　佛教文化自漢代從印度傳入中國後，與中國文化融合，在中國的哲學、文學、倫理學、心理學、教育學、音樂、美術、建築、醫藥、飲食等領域之中，綻放出輝煌的文化之花，產生著廣泛的影響。

漢武帝劉徹是一位有雄才大略又能善於用人的君主。他繼位後，開始著手解決北方的匈奴的威脅，重用名將霍去病、衛青、李廣等，加上張騫的外交，令中國在國際舞台迅速崛起。

經過漢武帝三十年的經營，不僅基本上解決了匈奴的威脅，而且在世界上已儼然成為東亞的霸主。

在當時，漢朝地位如日中天。由於漢朝具有強悍的實力，後來發兵一舉消滅了殺害漢代使節的北匈奴。漢完全控制了西域，北匈奴實力大減，再也無力擾漢了。

▌張騫開通西域絲綢之路

■兩次去西域的張騫塑像

古代外交：歷代外交與文化交流

中古時期 始通世界

　　西漢武帝時張騫兩次去西域，開通了一條自首都長安，經河西走廊和天山南路，直達中亞、西亞，進而連接歐洲和非洲大陸的陸路通道，歷史上稱「絲綢之路」。

　　絲綢之路的開通，加強了漢朝與四鄰國家的物質文化交流，豐富了各國人民的生活，並成為後世中國與中亞、西亞，以及非洲、歐洲國家人民加強聯繫和發展友誼的橋樑。

　　漢武帝即位時，漢王朝已建立六十餘年，歷經漢初幾代皇帝，社會經濟得到恢復和發展，國力已相當強大。漢武帝憑藉雄厚的物力財力，及時地把反擊匈奴的侵擾，從根本上解除來自北方威脅的歷史任務。

　　從當時的整個形勢來看，聯合大月氏，溝通西域，在蔥嶺東西打破匈奴的控制局面，建立起漢朝的威信和影響，是孤立和削弱匈奴，配合軍事行動，最後徹底戰勝匈奴的一個具有策略意義的重大步驟。

　　西元前一百三十九年，張騫奉漢武帝之命，率領一百多人，從隴西，即今甘肅臨洮出發，西行進入河西走廊。當時的河西走廊已完全為匈奴人所控制。正當張騫帶領的漢朝使團匆匆穿過河西走廊時，不幸碰上匈奴的騎兵隊，全部被抓獲。

　　匈奴單于為了拉攏張騫，打消其出使大月氏的念頭，進行了種種威逼利誘，還幫張騫娶了匈奴的女子為妻，生了孩子。但均未達到目的。在匈奴一直留居期間，張騫始終沒有忘記漢武帝所交給自己的神聖使命，沒有動搖為漢朝通使大月氏的意志和決心。

西元前一百二九年，敵人的監視漸漸有所鬆弛。一天，張騫趁匈奴人的不備，果斷帶領隨從逃出了匈奴的勢力範圍。為了避開匈奴的騷擾，張騫從河西走廊折西進入焉耆，再溯塔里木河西行，過庫車、疏勒等地，翻越蔥嶺，直達大宛。路上經過了數十日的跋涉。

這是一次極為艱苦的行軍。大戈壁灘上，飛沙走石，熱浪滾滾；蔥嶺高如屋脊，冰雪皚皚，寒風刺骨。沿途人煙稀少，水源奇缺。加之匆匆出逃，物資準備又不足，張騫一行風餐露宿，備嘗艱辛。

乾糧吃盡了，就靠善射的嚮導堂邑父射殺禽獸聊以充饑。不少隨從或因饑渴倒斃途中，或葬身黃沙、冰窟，獻出了生命。

張騫到大宛後，向大宛王說明了自己去大月氏的使命和沿途種種遭遇，希望大宛能派人相送，並表示今後如能返回朝廷，一定奏明漢皇，送他很多財物，重重酬謝。

大宛王本來早就知道漢王朝的富庶，很想與朝廷往來，但苦於匈奴的中梗阻礙，未能實現。漢使的意外到來，使大宛王非常高興，而張騫的一席話，更使他動心。

於是滿口答應了張騫的要求，熱情款待後，派嚮導和譯員將張騫等人送到即今烏茲別克斯坦和塔吉克斯坦境內的康居，康居王又遣人將他們送至大月氏。

不料，這時的大月氏人改變了態度。當張騫向他們提出建議時，他們無意與匈奴為敵。加之他們又認為朝廷離大月氏太遠，如果聯合攻擊匈奴，遇到危險恐難以相助。

張騫等人在大月氏逗留了一年多，始終未能說服大月氏人與漢朝聯盟，夾擊匈奴。在此期間，張騫曾越過媯水南下，抵達大夏的藍氏城。西元前一百二十八年動身返國。

在歸途中，張騫為避開匈奴控制區，改變了行軍路線。他們不走來時沿塔里木盆地北部的北道，而改行沿塔里木盆地南部，循崑崙山北麓的南道。從莎車，經于闐、鄯善，進入羌人地區。

但出乎意料，羌人也已淪為匈奴的附庸，張騫等人再次被匈奴騎兵所俘，又被扣留了一年多。後來趁匈奴內亂之機，帶著自己的匈奴族妻子和堂邑父，逃回長安。

張騫第一次去西域，從西元前一百三十九年出發，至西元前一百二十六年歸漢，共歷十三年。張騫出發時帶了一百多人，回來時僅剩下他和堂邑父兩個人。

張騫第一次去西域，既是一次極為艱險的外交旅行，同時也是一次卓有成效的科學考察。張騫第一次對廣闊的西域進行了實地的調查研究工作。

他不僅親自訪問了位處新疆的各小國和中亞的大宛、康居、大月氏和大夏等各地方政權，而且從這些地方又初步瞭解到烏孫、奄蔡、安息、條支、身毒等地的許多情況。

回長安後，張騫將其見聞，向漢武帝作了詳細報告，對蔥嶺東西、中亞、西亞，以至安息、印度諸國的位置、特產、人口、城市、兵力等，都作了說明。

這個報告的基本內容為司馬遷在《史記·大宛傳》中保存下來。這是中國和世界上對於這些地區第一次最詳實可靠的

記載，至今仍是世界上研究上述地區和國家的古地理和歷史的最珍貴的資料。漢武帝對張騫這次去西域的成果非常滿意，特封張騫為太中大夫，授堂邑父為「奉使君」，以表彰他們的功績。

幾年後，漢武帝聽說西域小國都有與漢通好的願望，就準備派張騫第二次去西域，宣揚漢朝的國威。

西元前一百一十五年，荒涼的河西走廊出現了一支龐大的漢朝使者隊伍。張騫手持漢節，和他的幾個副手走在隊伍的前面。第一站是烏孫王國，他們一路沒有遇到匈奴人的騷擾，到了烏孫國。烏孫王驚訝地迎接了這個龐大的使團。張騫代表漢武帝送給烏孫王很厚重的禮物，烏孫王更加驚喜。

張騫對烏孫王說：「要是大王能夠依靠漢朝，搬到東邊來，漢朝皇帝願意把那邊的土地全部封給大王，還會把公主嫁給大王為夫人，給大王不少的禮物。這樣兩國結為親戚，共同對付匈奴，這是個最好的出路。」

烏孫王和大臣商議了好幾天，卻是舉棋不定。張騫他恐怕耽誤時間，就先打發他的副手們拿著漢節，帶上禮物，分頭去聯絡大宛、康居、大月氏、大夏、安息、身毒和于闐等國家。烏孫王派出了幾個翻譯去幫助他們。

張騫的副手們還沒有回來，烏孫王倒先想派幾個人去朝廷看看情況再說。張騫一看這樣也好，讓這些烏孫王的官員親眼看到漢王朝的強大，才能擺脫匈奴，投入朝廷的懷抱。烏孫王派人一路送張騫回長安，同時向漢武帝敬獻了幾十匹上等好馬作為謝禮。

古代外交：歷代外交與文化交流

中古時期 始通世界

　　張騫帶著烏孫的官員來見漢武帝。漢武帝一看就為他們的氣勢所懾服，心中已經很是得意。再看到烏孫贈送的幾十匹高頭大馬，更是歡喜異常。因為漢武帝一生酷愛良馬，所以分外稱心。他吩咐手下重賞烏孫的官員，讓他們到各處走走。又提拔張騫為大行令，負責管理與外國的一切事務。

　　在張騫的帶動下，漢朝和西域各地之間的聯繫大大密切起來。隴西荒原上各國的使者絡繹不絕。

　　張騫回漢一年後，因為辛勞過度，猝然離開人世。漢武帝為失去這樣一個外交天才而鬱悶了好幾天。而西域諸地都知道張騫的大名，稱讚他是一個真正的朋友。張騫死後，兩漢政府對西域非常重視，透過聯姻、繼續派使通好、設置西域都護等措施，保證了絲綢之路的暢通，使漢同西域的關係進一步發展。

　　西元前一百零五年，烏孫王以良馬千匹為聘禮向漢求和親，漢武帝把江都王之女細君公主嫁給了烏孫王。細君公主死後，漢又以楚王的孫女解憂公主嫁給了烏孫王。

　　解憂公主的隨嫁侍女馮嫽深知詩文事理，常持漢節行賞賜於諸地，深得尊敬和信任，被稱為馮夫人。由於馮嫽的活動，鞏固和發展了漢同烏孫的關係。馮嫽也成為中國第一位傑出的女外交家政治家。

　　西元前一百年，匈奴政權新單于即位，漢武帝派遣蘇武率領一百多人，帶了許多財物，出使匈奴。一方面是緩和當時狀態，一方面是探實匈奴實情，為以後的遠征奠定基礎。

只不過蘇武一去就給扣押了。後來就有衛青、霍去病等大將舉全國之力遠征，終於徹底擊敗匈奴。

西元前六十年，匈奴內部分裂，漢宣帝任命衛司馬鄭吉為西域都護，駐守在烏壘城，即今新疆輪臺東。這是漢朝在蔥嶺以東，今巴爾喀什湖以南的廣大地區正式設置行政機構的開端。西漢政府還在新疆境內設置常駐的官員，派去士卒屯田，並設校尉統領，保護屯田，使漢族人民與新疆各族人民的交往更加密切了。

到東漢時期，漢朝曾經於西元七十三年派班超經略西域，在西域專門任命官吏，來加強對西域的控制，並保護商旅往來。隨著漢朝的使者和商人絡繹不絕地西行，絲綢之路更加暢通。

張騫兩次通西域，打通了中西之間的交通線路，促進了東西文化的交流，在人類文明史上做出了重大的貢獻。漢朝人把這件事稱為「鑿空」，就是「探險」之意，讚揚張騫打開中國與西方往來的大門。他開通的中外友好往來之路，被稱為「絲綢之路」。

閱讀連結

張騫不畏艱險，兩次去西域，溝通了亞洲內陸交通要道，促進了東西經濟文化的廣泛交流，開拓了絲綢之路，完全可稱之為中國走向世界的第一人。

敦煌莫高窟第三百二十三窟北壁西端上畫的就是張騫去西域的故事。有人曾經依據此圖論證了漢武帝派張騫赴大夏，

是佛教傳入中國內地之始，但也有人持反對觀點，認為這是附會之說。

但不管怎麼說，張騫去西域，開拓絲綢之路的歷史功績是真實可信的。

▌諸葛亮聯吳抗曹外交策略

■傑出的外交家諸葛亮塑像

三國時期的大軍事家諸葛亮，曾經提出並實施終生的「聯吳抗曹」的蜀國國家防禦政策。

諸葛亮（西元一百八十一年～兩百三十四年），字孔明，號臥龍或伏龍。生於三國時期的琅琊陽都，即今山東省臨沂市。

他出使吳國，聯合孫權共同抵禦曹操，吳蜀兩國共同實施了聯兵抗曹的壯舉，並大獲全勝，打敗曹軍，使之不敢輕易出兵。

由於諸葛亮正確的策略構想和採取了靈活的外交策略，使三國時期的蜀國和吳國數十年來立於不敗之地。

東漢末年，諸葛亮在南陽隱居。劉備屯兵新野時，幕僚徐庶向劉備推薦諸葛亮，劉備三訪草廬，諸葛亮與其相見。

當時，諸葛亮精闢地分析形勢，提出建議。諸葛亮用「自董卓以來，豪杰並起，跨州連郡者不可勝數」，概括了當時軍閥混戰、群雄割據的局面，認為劉備應該佔據荊、益二州，守住險要之地，向西和好諸戎，向南安撫夷越，對外結好孫權，對內修明政治。待天下形勢發生變化時，就可出兵討伐，中興漢室，成就霸業。

劉備聽後給予充分肯定，從此與諸葛亮的情誼日益密切，諸葛亮從此輔佐劉備，尋機實施聯吳抗曹的外交策略構想。

西元兩百零八年，劉備退至夏口。諸葛亮請求劉備允許他出使東吳，實施聯吳抗曹計劃。於是，諸葛亮作為劉備的使者隨同魯肅到柴桑去會見孫權。當時孫權正在坐山觀虎鬥。諸葛亮拜會孫權時，分析形勢，曉以利害。

他說：「現在海內大亂，將軍起兵佔據江東，劉豫州在漢水以南聚集部隊，與曹操共爭天下。當今曹操鏟削群雄，攻破荊州，威震四海。英雄已沒有用武之地。所以劉豫州逃到這裡，希望將軍度量自己的力量而決定對策。如果您能用江東的兵眾與中原曹操的軍隊相抗衡，不如及早與曹操斷絕來往；如果不能，您何不放下兵器向他稱臣投降？現在您表面上有服從他的名義，內心卻猶豫不決，事情緊急而不能作決斷，大禍很快就要臨頭！」

這時孫權反問：「如像你說得那樣，劉豫州為什麼不向曹操稱臣投降？」

諸葛亮說：「田橫不過是齊國的一個壯士，尚且能夠堅守至義不肯屈辱投降，況劉豫州是皇室後裔，英才蓋世，眾多士人仰慕他，如同水流向大海一樣，倘若事情不能夠成功，那就是天意，怎麼能再做曹操的臣下呢！」

孫權聽後勃然大怒，說：「我不能拿整個吳地和十萬將士去受制於人，我的主意已定，除了劉豫州，沒有人可以與曹操抗衡！但劉豫州剛遭到失敗，怎麼能抵抗得了這麼強大的敵人？」

針對孫權的疑慮，諸葛亮闡述道：「劉豫州雖然兵敗於長坂坡，但現在回來的將士及關羽的水軍共有精兵萬人。劉琦召集江夏的將士，也不少於萬人。曹操的軍隊遠道而來，疲憊不堪，聽說他追趕劉豫州時，輕裝騎兵一晝夜走三百餘里路，這正是『強弩發出去的箭，在射程末了時，它的力量連魯國生產的薄絹也穿不透』。所以兵法上忌諱這種做法。況且北方之人，不熟悉水戰，此外，荊州歸附曹操的百姓，不過是被曹操的大軍所逼迫，並不是從心裡服從。」

「現將軍如果能命令猛將率領將士數萬，與劉豫州同心協力，一定可以擊敗曹操的軍隊。曹操失敗，退回北方，這樣，荊州、吳地的勢力就會增強，天下三足鼎立的形勢就會形成。事情成敗，就在今天！」

諸葛亮之言，有理有據，孫權聽後，產生共識，非常高興，從而形成聯吳抗曹的一致意見。會見後，孫權即派周瑜、

程普、魯肅及三萬水軍，隨同諸葛亮會見劉備，形成吳蜀聯軍，奮力抵禦曹操。

最後，吳蜀聯軍在「赤壁之戰」贏得重大勝利，奠定了三國鼎立局面的基礎。

赤壁之戰後，劉備藉機取得了荊州和益州，任命諸葛亮為軍師中郎將，統領零陵、桂陽、長沙三郡。西元兩百一十一年，劉璋迎劉備入蜀，攻擊張魯。佔領成都後，任命諸葛亮為軍師。

西元兩百二十一年，劉備在成都稱帝，諸葛亮為丞相。蜀與魏、吳鼎足之勢終於形成。

西元兩百二十三年春，劉備於永安病故，劉禪繼位，改年號建興元年，封諸葛亮為「武鄉侯」，建丞相府以處理日常事務，又領益州牧。此刻，諸葛亮要辦的第一件大事是派遣使者出使吳國，恢復與吳國的外交關係。

劉備死後，吳國已經向魏國稱臣，尚未拿定主意怎樣對待蜀國，仍陳兵於吳蜀邊境。正當諸葛亮深慮孫權獲悉劉備去世消息會有其他考慮時，蜀國重要朝臣鄧芝來見諸葛亮。

鄧芝對諸葛亮說：「皇上幼弱，剛剛即位，應派遣使節重申對吳和好。」

諸葛亮說：「我考慮這個問題好久了，沒有找到合適的使者人選，今天才找到。」諸葛亮便選派鄧芝去東吳與孫權修好。

臨行前，諸葛亮指示鄧芝，到東吳後，可先向張裔請教如何與孫權談話。張裔離開蜀國到東吳已有數年，潛伏在東吳，孫權不知道，實際上是諸葛亮留在東吳的情報人員。

到了東吳，鄧芝從張裔那裡瞭解到，孫權果然狐疑。孫權沒有及時接見鄧芝，鄧芝就和接待的人說，自己這次來不僅僅是為蜀國考慮，也是為吳國著想。這時孫權才接見鄧芝。

鄧芝對孫權說：「現在吳、蜀兩國佔有四州之地，您是當今著名的英雄，諸葛亮又是一代豪杰。蜀國有重重險要地勢，東吳有三條大江，雙方優勢結合，兩國就像唇齒一樣，相依相伴，進可以兼併天下，退可以與魏鼎足而立，這個道理自然而然。」

「您倘若委身侍奉魏國，魏國必然期盼大王您入朝朝拜，要求太子作人質到朝廷供人使喚；如不從命，就以反叛為藉口派兵討伐，蜀國也必然順流而下，利用可乘之機發動進攻，這樣，江南之地就不再屬大王所有。」

孫權聽後沉默好久，最後認同了鄧芝的看法。於是和魏國斷絕關係，與蜀國和好。孫權隨即派使者到蜀國回訪。從此，兩國使者往來不斷，通報情況，傳遞書信。後來，蜀國再次派鄧芝訪吳，雙方坦率地交換了意見。

在此後的幾年裡，諸葛亮平定了南中叛亂。早在劉備東伐魏國時，蜀國南中諸郡受東吳策動而叛亂，嚴重威脅蜀國後方。

諸葛亮執政，與東吳恢復邦交，切斷了孫權對南中的支持。經過兩年的調養，諸葛亮大軍兵分三路南征四郡，採用攻心戰術，對孟獲七擒七縱，使其心悅誠服。

　　平叛後，諸葛亮將南中四郡分為六郡，起用了大量少數民族官吏自行治理。又徵調南中青年羌人萬餘家入蜀，以其青壯年組成騎兵五部，號稱「飛軍」，並設立降都督，掌管南中軍政。此後，東吳難以再利用民族矛盾牽制蜀國，也為諸葛亮北伐魏國解除了後顧之憂。

　　西元兩百二十九年夏，吳王孫權稱帝並通報蜀國。蜀國的大臣們認為名號體制不順，與吳國結交沒有益處，應該顯示正義，跟他們斷絕友好盟約。諸葛亮以大局為重，說孫權有僭號之心已久，我們所以忽略他分裂念頭，是想要他分兵牽制魏國，給我們作援助。

　　在孫權稱帝之前，諸葛亮曾經派遣陳震為使節到東吳。諸葛亮事先致函在東吳任職的兄弟諸葛瑾，介紹陳震。

　　陳震進入吳國後，到各地訪問，會見眾多官員，重申雙方友好結盟如同當初，並提高到新的水準；宣傳雙方共同決心討賊，就沒有不能消滅的敵人。

　　陳震到了武昌，孫權與陳震升壇歃盟，約定將來交分天下：以徐、豫、幽、青州屬吳，並、涼、冀、兗州屬蜀，並以函谷關為界。陳震回蜀後，受到了表彰，並被封為城陽亭侯。諸葛亮在孫權稱帝的關鍵時刻，力排眾議，以外交行動鞏固了雙邊關係。事實表明，諸葛亮堅持聯吳抗曹，外交取

得成功，使蜀國和吳國保持了相對的和平相處，並於數十年間立於不敗之地。

諸葛亮的聰明才智，對魏、蜀、吳三分天下的形成和蜀國的發展做出了突出貢獻。他在處理多邊關係的過程中善於運用外交技巧，是中國古代一位傑出的外交家。

閱讀連結

諸葛亮在南陽「躬耕隴畝」時，種西瓜的手藝很好。他種的西瓜，個大、沙甜，凡來隆中做客和路過的人都要到瓜園飽飽口福。

周圍的老農來向他學習種瓜的經驗，諸葛亮都會毫不保留地告訴他們：瓜要種在沙土地上，上麻餅或香油腳子。好多人都來跟他要西瓜種子，因為以前沒有注意留瓜子，許多人只好掃興而歸。

第二年，西瓜又開園了，他在地頭上插了個牌子，上寫「瓜管吃好，瓜子留下」。現在，南陽有些地方還遵守那條「吃瓜留子」的老規矩。

隋朝與朝鮮和日本的交往

■隋朝開國皇帝隋文帝畫像

隋朝在對外交往上，秉持一種以德服人的觀念。在隋朝看來，各藩屬國定期來朝，宗藩和平相處，是最理想的一種天朝政治秩序。

當然，有時也難免會使用戰爭的手段，不過，那也只是以臣服為目的，而不是要徹底擊滅。

正是在這樣一種外交理念的指導下，隋朝時期出現了萬邦來朝的恢宏局面。

隋朝統一了中國後，迅速成為了東亞最強大的帝國，同時也加強了與東鄰朝鮮和日本的交往。

高句麗於西元前三十七年在紇升骨城建國後，就開始不斷地向外擴展，後來控制了朝鮮半島北部地區。

古代外交：歷代外交與文化交流

中古時期 始通世界

　　高句麗自建國以來，就一直保持著與中國中原政權之間冊封與朝貢的藩屬關係。同時，隨著其國力的不斷強大，高句麗也屢屢與中原政權之間發生摩擦和戰爭。

　　西元五百八十九年，隋朝統一中國，結束了幾百年的分裂局面。高句麗目睹隋的迅速崛起，十分恐慌，加緊屯糧練兵，並商議拒隋之策。

　　隋文帝聞訊大為不滿，給高句麗國王下了一封措辭嚴厲的詔書，數落了高句麗的種種不守藩臣之節的無禮行徑，並且以滅陳故事相威脅。

　　此後，隋在隋文帝和隋煬帝兩朝對高句麗進行數次征伐。後來，高句麗因連年作戰，已經困弊不堪，無力再戰，只好遣使入隋請降。

　　而此時隋朝國內也因連年戰爭導致民力凋敝，農民起義已是此起彼伏。隋煬帝見高句麗使來請降，趕緊見好就收，下令班師回朝。

　　高句麗是東北少數民族地方政權，漢以來一直受中原王朝冊封，百濟和新羅只是兩個配角。它們一方面受壓於高句麗，希望隋朝出兵攻打高句麗；另一方面，它們又擔心一旦隋不勝，反而會招致災禍。終隋一朝，百濟和新羅都頻繁遣使通隋，保持著友好的關係。

　　百濟既受高句麗的不斷南侵，又被新羅步步進逼，策略態勢十分險惡，為了抵禦強鄰，迫切需要外援，因此百濟積極地與隋通好朝貢。

西元五百八十一年，隋朝剛剛建立，百濟威德王就遣使與隋通貢。隋文帝冊封威德王為上開府儀同三司、帶方郡公。隋滅掉南朝統一中國後，百濟立即遣使入隋祝賀。隋文帝非常高興。

念及百濟距隋朝遙遠，隋文帝透過使者叮囑百濟王說：「我們雖然相隔萬里，但相互理解如同親見。已經知悉百濟王的心跡，不過兩地往復至難，今後百濟就不用年年入貢了，隋也不會年年遣使前往。」

西元五百九十八年，威德王聽說隋文帝將伐高句麗，遂遣使奉表，請求為隋軍先導。然而，此時隋文帝已經因為征討不利而罷兵，況且高句麗也已上表謝罪，就曉諭百濟：「高元已經畏服歸罪，不可再伐。」後來高句麗知道了這件事後，就派兵侵掠百濟邊境作為報復。

西元六百零七年，百濟武王時兩次遣使入隋朝貢，請求隋討伐高句麗。隋朝這時的皇帝是隋煬帝，他同意了百濟請求，要求百濟偵察高句麗的動靜。

百濟武王得知隋師將要出征的消息後，也派兵陳於邊境，聲言助隋，實際上卻陳兵不動，意在靜觀其變。百濟由積極請戰到觀望，恐怕是對隋能否取勝沒有信心。

西園六百一十四年，百濟最後一次入隋朝貢，此後隋天下大亂，朝貢遂絕。

隋與新羅的關係雖然友好，但並不密切。部分是因為新羅有百濟相阻，與隋來往不便。和百濟一樣，新羅也視高句麗為最凶險的敵人，也試圖借隋朝的力量以制伏高句麗。

西元五百九十四年，新羅遣使入隋朝貢，隋文帝冊封新羅真平王為上開府、樂浪郡公、新羅王。西元六百零八年，新羅王因高句麗屢屢侵犯其疆域，命人修表向隋朝乞師討伐高句麗，結果沒有得到答覆。

西元六百一十一年，新羅因屢遭高句麗侵略，又遣使入隋，奉表請師，共伐高句麗。此時，隋煬帝已決意征伐高句麗，便同意了新羅的請求。第二年，隋煬帝首征高句麗，其後又連續興兵征伐。

不過，在隋朝征討高句麗的過程中，新羅如同百濟一樣，並沒有實際出兵助戰，想必它也有和百濟一樣的顧慮。

日本在倭五王時期，就與中國南北朝時期的南朝劉宋政權有著密切的往來。隋統一中國後，日本重新來朝，冀求學習隋先進的文化、制度。

但此時的日本大和民族國家業已形成，民族自尊心使它不願像從前那樣以藩屬的身分與隋交往。甚至，此時的日本對於禮儀名分變得非常敏感。

隋帝國當然不理會日本的這種心態，在大隋的眼中，日本與其他傾慕天朝來朝的小藩沒什麼區別。於是，隋和日本就產生了國書之爭。可貴的是，雙方的最高統治者並沒有因為「名」的爭論，而阻礙「實」的交往。

西元六百年，日本第一次派遣入隋使節。隋文帝很高興，因為日本已經有百年沒有來朝貢了。倭使回國後，向攝政的聖德太子匯報了出使情況。

聖德太子從使者那裡瞭解到隋朝佛教很興盛，便決定以求佛經佛法為名，再次遣使入隋，目的主要還是要加強兩國之間的交往。

在西元六百零七年，倭國再次派小野妹子為使節，並指派翻譯，攜帶國書來到隋都。跟隨小野妹子來到隋朝的還有數十名留學僧，他們是日本首次向中國派出的留學生。

隋煬帝秉性好大喜功，對於偏居海島的倭國國王不畏艱險遣使來朝深感滿足，但看到倭王的國書中寫道：「日出處天子致書日沒處天子」的詞句時，得意之情迅速消失，立即吩咐管外事的官員鴻臚寺卿：「以後蠻夷的國書有無禮的，就不要再給我看了！」

倭國在東，中國在西，所以倭王自稱是太陽出來地方的天子，而稱中國皇帝為太陽落下地方的天子。日本如此致書，證明隋文帝當初的訓令並沒有產生效果，倭國朝廷仍然堅持與隋朝對等的立場。

儘管如此，隋煬帝還是命令鴻臚寺卿熱情接待日本使者，而且為了炫耀上國的威風，決定立即派文林郎裴世清出使日本，回訪倭王。

西元六百零八年，小野妹子陪同裴世清使團到達日本九州。倭王聞訊後，立即派出要員前往迎接。同時，鑒於現有的接待外國使節的館舍過於簡陋，下令在難波城，即今大阪修建新館，以安置隋使裴世清一行。

倭王會見隋使時謙恭地說：「我聽說海西有大隋國，是禮儀之邦，所以遣使朝貢。我們夷人僻居海隅，不聞禮義，

所以沒有親自拜見。這次特意清掃道路、裝飾館舍，以迎接大國使者，希望聽聽大國維新的情形。」

倭王以語含雙關的方式表達了對上次「無禮」國書的歉意。

隋使裴世清隨即呈上了隋煬帝的國書，書中的第一句就是「皇帝問倭王」，儼然是上國對小邦的口吻。裴世清告訴倭王說，這是賜諸侯書的樣式。

據日本史書記載，當時攝政聖德太子看到這份國書貶他們的統治者天子尊號為倭王時，與當初隋煬帝看到倭王國書時的心情一樣，也是很不愉快。聖德太子還因為這個原因，而沒有賞賜裴世清。

不過，儘管倭國執政者十分不滿隋煬帝的驕橫，但考慮到日後向隋學習交流之處甚多，所以沒有過於計較國書的禮節問題。當裴世清回國時，倭國還是很熱情地宴請相送，並又令小野妹子組成使團護送隋使歸國。

這次隨同的還有八名留學生，其中七名都是所謂已彰顯萬邦來朝的洛陽唐宮遺址經歸化漢人的後代，另一人為新羅人。這充分說明，這一時期日本有較高文化修養的人，主要還是來自中國和朝鮮半島的移民及其他們的後代。

西元六百零八年底，裴世清、小野妹子等人到達隋都長安。小野妹子向隋朝廷呈交倭王國書。鴻臚寺卿鑒於隋煬帝先前有「以後蠻夷的國書有無禮的，就不要再給我看了」的指示，就沒敢將這份國書呈交隋煬帝。

實際上這次倭國的國書，措辭已經有所考慮。據說是聖德太子親自撰寫的國書，雙方的稱呼已改為「東天皇」與「西皇帝」，稱隋朝皇帝為西皇帝，日本倭王為東天皇。不過，倭國堅持外交對等的用意還是顯而易見的。

由於鴻臚寺卿沒有將國書拿給隋煬帝看，因此也就沒有留下什麼不快的記載，隋日關係因而順利發展。終隋一朝，日本前後遣使四次。日本學習到了隋的政治藝術。日本有「太子」、「皇位」、「御所」、「東宮」、「稱制」、「詔書」、「陛下」、「殿下」等詞彙，都是中國皇家專用的。

此外，留學生們在隋朝系統地學習了先進的漢文化和各種制度，許多人甚至滯留中國二三十年，跨越隋唐兩代。這些人學成回國後，有的參與了後來日本的大化改新，對推動日本社會的進步作出了貢獻。

據確切文字記載，中日官方友好交往起於中國漢代，盛於隋唐，此後雖然有所淡化但綿延不絕。正如日本歷史學家井上清所言，透過這種交往，日本「恰如嬰兒追求母乳般地貪婪地吸收了朝鮮和中國的先進文明，於是從野蠻階段，不久即進入了文明階段。」

閱讀連結

隋朝時，倭王阿輩雞彌遣使拜訪隋，文帝派官員問倭國民俗。使者回答說倭王以天為兄，以太陽為弟，天還沒亮就處理朝政，天一亮即停止，把白天的事交給他的弟弟太陽管理。

　　中國皇帝歷來敬天，自稱為天子，所以當隋文帝聽到倭王把自己稱作天的兄弟時，大為氣惱，斥之為荒謬之論，並且訓令改掉這個稱呼。

　　儘管如此，雙方沒有因為觀念上的差異而鬧得太不快，雙方還都注重有利往來這一大局，隋日關係因而得以順利發展。

▌唐代對外經濟與文化交流

■唐太宗李世民石刻像

　　唐朝時期的中國，是當時世界上最先進、最文明、最發達的國家。唐代的經濟、文化空前發展，與外國的經濟、文化交流，遠遠超過前代，和唐朝往來的國家甚多，因而，唐朝對外經濟文化交流，有了進一步的發展，唐朝成了亞洲各國的經濟交流中心。

此外，唐代所交往的國家還有非洲、歐洲的部分地區。唐朝對外關係的空前發展，在世界文化史上產生很大的影響。

　　唐代的政治、經濟和文化得到空前發展，出現了大一統以來繼漢武盛世之後的又一個盛世。唐朝執行開明的民族政策，使民族關係更加和諧，比如與吐蕃的「和同為一家」等。

　　與此同時，唐代積極發展與東亞、東南亞、南亞、中亞和西亞的友好往來，甚至還包括非洲和歐洲的部分地區，使外交呈現出前所未有的景象。唐代外交彰顯了「大唐盛世」的風采。

　　在東亞地區，唐與新羅的關係很密切。新羅原居朝鮮半島東南部，在唐前期，統一了朝鮮半島的大部，史稱「統一新羅」。

　　其商船經常往來於朝鮮半島與中國的山東、江蘇之間。唐從新羅輸入藥材、皮毛、金銀和工藝品等，向新羅輸出絲織品，茶葉、瓷器、藥材、書籍、精緻的金銀器物等。

　　新羅在文化方面深受唐朝的影響。新羅派到長安的留學生是所有外國留學生中人數最多的。中國的文化典籍大量傳入新羅。

　　朝鮮古代沒有文字，最早使用的是漢文。七世紀時，新羅人薛聰利用漢字字形作音符，創製了「吏讀」，以幫助閱讀漢文。雕版印刷術在唐末五代時傳入新羅，佛教也由唐傳入新羅。

新羅的天文，曆法、服飾、藝術、建築都受唐朝的影響，各項制度也大都模仿唐朝。朝鮮文化也傳入中國，如唐太宗時的十樂曲中就包括「高麗樂」。

唐代與日本的有友好往來最為頻繁。隋唐時期，日本正處於社會大變革時期。從隋朝時起，即不斷派人到中國學習，到唐朝時達到高潮。日本先後派出遣唐使十三次，另外還有未能成行的及迎送使節的迎入唐使和送唐客使六次，共十九次。

唐初，日本派出的遣唐使團一般不超過兩百人，從八世紀初起，人數大增，如西元七百一十七年、七百三十三年和八百三十八年派出的三次遣唐使，人數均在五百五十人以上。

在日本派出的遣唐使中有不少留學生、學問僧，他們長期在唐學習各種文化知識。中國的許多律令制度、文化藝術、科學技術以及風俗習慣等，透過他們傳入日本，對日本的社會發展產生了很大影響。

在政治方面，西元六百四十五年，日本參考隋唐的均田制和租庸調製，施行班田收授法和租庸調製；仿照隋唐的官制，改革了從中央到地方的官制；參照隋唐律令，制訂了《大寶律令》。

在教育方面，天智天皇時期在京都設立大學，以後學制逐漸完備，各科學習內容基本上和唐朝相仿。

在語言文字方面，八世紀以前，日本使用漢字作為表達記述的工具。起初日本沒有自己的文字，使用漢字記事。

九世紀時出現的日文字母「平假名」、「片假名」就是根據漢字創製的。相傳平假名是學問僧空海所創，片假名是留學生吉備真備所創。這些新體文字的發明，大大推動了日本文化的發展。同時，日文的詞彙和文法也受到漢語的影響。

在文學方面，唐代豐富多彩的文學，深為日本人所欣賞。唐朝著名作家的詩文集相繼傳入日本，其中形象鮮明、語言通俗的白居易詩，尤為受到喜愛。而留學生吉備真備、橘逸勢等人對中國的詩歌和書法都有很深的造詣。

在藝術方面，唐朝的音樂、繪畫、雕塑、工藝美術等也紛紛傳入日本。日本吸取了唐朝的樂制，並派留學生來中國學習唐樂。

日本宮廷還請唐樂師教授音樂，唐朝的不少樂書、樂器陸續傳入日本。唐朝的繪畫也深受日本人喜愛，經過日本畫家仿效摹繪的畫作，稱為「唐繪」。

在科學技術方面，唐朝先進的生產技術、天文曆法、醫學、數學、建築、雕版印刷等陸續傳入日本。中國式的犁和大型鋤傳入日本並開始普遍使用。日本仿照唐的水車，製造了手推、牛拉、腳踏等不同類型的水車。

唐朝的《大衍曆》、《宣明曆》，也被日本所採用。中國著名的醫學著作《素問》、《難經》、《脈經》、《張仲景方》、《神農本草》和《諸病源候論》、《千金方》等書先後傳入日本，他們結合自己的醫療經驗，創建了日本的「漢方醫學」。

古代外交：歷代外交與文化交流

中古時期 始通世界

　　七世紀以前，日本沒有固定的都城，西元六百九十四年興建了第一個都城藤原京，七百一十年修建了平城京，七百九十四年修建了平安京，這些城市的設計、布局都是模仿唐長安城的。建築所用磚瓦的紋飾也和唐代略同。

　　在唐代，中日交往史上最著名的人物是日本的阿倍仲麻呂和中國的鑒真。

　　阿倍仲麻呂，漢名晁衡，唐玄宗時來中國留學，在中國五十多年，擔任過唐朝的高級官員，工詩文，與王維、李白等是密友，後逝於長安。

　　鑒真和尚，俗姓淳於，揚州人，曾主持揚州大明寺。唐玄宗時，應日僧之請前往日本傳授戒律。十多年間，五次東渡都失敗了，第六次東渡方獲成功，此時他雙目已失明。

　　他除在日本傳授戒律外，還將大量佛教經典、建築技術、雕塑藝術以及醫藥書籍等傳入日本，對日本的醫學、雕塑、美術和建築的發展影響甚大。後逝於奈良唐招提寺。

　　鑒真和尚對中日文化交流作出了巨大貢獻，弟子為他所塑夾紵像，一千多年來，始終受到日本人民的景仰。

　　唐代與東南亞南亞的往來也很頻繁。東南亞諸國在今中南半島上的，當時有林邑，即今越南南部、真臘，即今柬埔寨、墮和羅，即今泰國南部等國；在今馬來半島上的有盤盤、狼牙修等國；在今印尼的有室利佛逝即今蘇門答臘、訶陵即今爪哇等國。

這些國家都曾遣使與唐通好，有船隻航行到中國。這裡的香料、珠寶、棉布、犀牛、大象等，都輸入中國；中國的絲織品、瓷器和工藝品也大量運往這些國家。

唐代與南亞的往來也很多。南亞的國家最重要的有師子國即今斯里蘭卡、天竺即今印度、罽賓即今巴基斯坦北部、尼婆羅即今尼泊爾等，它們都與唐朝有經濟和文化聯繫。

如師子國的船經常來廣州，是當時來中國的最大的船隻。天竺的天文、曆算、醫學、音樂、舞蹈、佛學、製糖技術，罽賓的珠寶、名馬以及犍陀羅藝術等，相繼傳到中國。中國的絲織品、紙張、造紙術等也傳到南亞諸國。

唐與天竺的文化交流主要是圍繞佛教進行的。當時中國的許多僧人曾前往天竺求經，其中最有名的是玄奘。

玄奘，俗姓陳，河南緱氏人，即今偃師南。西元六百二十七年，他為到天竺求經，從長安出發，途經今新疆、中亞，訪問了今印度、尼泊爾，巴基斯坦和孟加拉等國。他在佛教學術中心那爛陀寺等地研習佛學，成為佛學大師，獲得很高的聲譽。

西元六百四十五年，玄奘返回長安，帶回梵文佛經六百五十七部，後譯出七十五部，一千三百三十五卷。他又撰《大唐西域記》一書，記載了旅途中所見所聞的一百三十八個國家的歷史和地理等。這是研究中古時代中西交通和中亞、南亞以及西亞部分地區歷史、地理的寶貴資料。

古代外交：歷代外交與文化交流

中古時期 始通世界

　　唐與中亞和西亞諸國保持著長期聯繫。波斯是西亞的重要國家，波斯，即今伊朗。唐初即與波斯有使節往來。唐高宗時，波斯遭大食的侵略，王子卑路斯曾來唐求援。

　　唐朝稱阿拉伯為大食。波斯被大食滅亡後，波斯反抗大食的政治勢力仍繼續以國家的名義遣使來唐。許多波斯商人來唐經商，不少人留居長安、揚州、廣州等地。波斯商人把珠寶、香料、藥材等輸入中國。中國的絲織品、瓷器等也大量輸往波斯。

　　西元六百四十三年，位於歐洲東部的拜占庭帝國，即東羅馬帝國遣使來唐，獻赤玻璃、石綠、金精等物。唐太宗回書答禮，並回贈綾、綺等絲織品。

　　在唐前期，東羅馬遣使七次。東羅馬的皇帝、貴族、婦女都喜愛穿用中國的絲織品，所以當地成為唐朝絲織物的重要轉輸地。東羅馬的醫術和吞刀吐火等雜技也傳到了唐朝。後來在西安、咸陽等地都曾發現東羅馬金幣。

　　七世紀初，伊斯蘭教創始人穆罕默德統一阿拉伯半島後，東滅波斯，西陷開羅，建立了勢力達到中亞、南亞和北非的阿拉伯帝國。

　　西元六百五十一年，大食遣使和唐朝通好，此後，大食遣使來唐有三十七次之多。大食所轄阿拉伯一帶商人到中國的也不少。當時，長安、洛陽、揚州、廣州、泉州等處都有他們的足跡，不少人在中國定居落戶，有的還在唐朝任職。他們運來香料、藥材、珠寶等。

大食的天文、曆法、數學、醫學、建築術等也傳入中國。中國的絲織品、瓷器等，大量輸往阿拉伯地區，造紙術、煉丹術、醫學、養蠶和絲織技術也傳入大食，並再傳至其他地區。

　　近代考古工作者曾在伊拉克底格里斯河西岸的沙瑪拉城遺址，發掘出大批中國陶瓷，其中有唐三彩、白瓷和青瓷三種，在北非的福斯特即開羅古城遺址中，曾發掘出唐朝的青瓷器。這些來自中國的工藝品正是中阿經濟文化交流的歷史見證。

　　經濟的繁榮，國力的強盛，使唐王朝在國際上有很高的聲望。許多地區和國家的使節、商賈、貴族、學者、藝術家、僧侶經常入唐貿易和訪問。

　　當時和唐王朝通使的國家就有七十多個，朝廷設置鴻臚寺來接待各國使節和賓客，設置商館以接待外商，設置互市監、市舶司掌管對外貿易。太學中有為數眾多的外國遣唐使，官府亦有胡人供職。

　　在當時，阿拉伯人、波斯人在唐長安城長期經營珠寶店、胡食店、酒店等。同時，中國發明的指南針、火藥、造紙、印刷術、絲綢、瓷器、茶葉、鬧鐘也在絲綢之路的運輸工具駱駝的背上被帶到西方。

　　這些偉大的發明再經阿拉伯人的傳播，至十二至十三世紀進入了歐洲，它們被歐洲人用於科技、文化、航海、軍事和社會生活之中，從而對文藝復興之後的西方世界產生了長達幾個世紀的廣泛影響。

閱讀連結

　　熊貓是中國國寶，而熊貓作為「外交使者」的歷史可以追溯到唐玄宗時。西元六百八十五年，唐玄宗贈送給日本天武天皇兩隻大熊貓，從而開創了「熊貓外交」的先河。由此算來，「熊貓外交」已具有一千三百多年的歷史。

　　按照日本的記載，當時唐玄宗送給日本天武天皇的是「兩隻白熊」，所以後世一直認為這兩只隻熊是北極熊。

　　後來，還是由於中國大熊貓專家的考證說，當時長安的皇苑內就有大熊貓，因此所謂的白熊應該就是大熊貓。這是史書記載的熊貓外交第一例。

近古時期 廣交天下

　　從五代十國至元代是中國歷史上的近古時期。五代十國時用間諜外交，在一定程度上影響了具體戰役或政治軍事鬥爭的成敗。

　　宋朝因外敵頻繁，外交使節在履行使命的同時，也努力獲得諸國訊息，以為朝廷制訂外交政策的重要依據。

　　元代從蒙古人遠征開始，就把外交足跡帶到了遠方世界，在地域上呈現出連通歐亞、銜接大洋的前所未有的態勢，使中西方交流在空間和內容上變得更為廣泛。

█五代十國時期的用間外交

■後樑太祖朱溫畫像

　　五代十國時期是中國最後一個大分裂的時代，各種力量縱橫捭闔。在亂世之下，信任危機嚴重，這時使用間諜的外交大行其道，也為其打上了鮮明的時代烙印。在這一時期，間諜出現的次數之多，分佈之廣，為歷史所罕見，僅留下名字間諜的就有九人之多。

　　而且這一時期的用間外交類型俱全，常採取設法打入對方內部、傳遞假情報、散佈流言、扮演雙面間諜等方式。用間外交對割據勢力的成敗曾起一定的作用。

　　五代十國外交中的「國家」概念相對於今天來說，既可能仍然是今天意義上的國家，如高麗、日本、暹羅等，也可能已經成為中國現在的一個民族，成為中國不可分割的一部分，或者已經淹沒在歷史的長河中，與中華民族水乳交融，無法分割了。

狹義理解外交立論，並透過對歷史上某個「朝代」的對外交往的研究，可以找尋歷史規律，發掘歷史本質，為今天的對外交往提供幫助。

　　作為一個大分裂的時代，五代十國時期，間諜出現的次數之多，分佈之廣為歷史所罕見。用間外交是不流血的戰爭，間諜其實就是演員，他們為自己的國家利益扮演著不同角色。

　　朱溫建立的後梁是五代的第一個朝代。朱溫建立後梁時，唐末藩鎮軍閥、岐王李茂貞與後梁對抗，聯合王建和李克用寫了討伐朱溫的檄文，聲稱要興師問罪。朱溫率軍圍攻盤踞在鳳翔的李茂貞，雙方激戰累年陷於膠著狀態。

　　這時，朱溫便讓騎士馬景配合，實施苦肉計，向李茂貞散佈假情報。然後令各營做好了兩日的乾糧，秣馬飽士，待馬景事成，發起攻擊。

　　在定下計策的第二天，馬景隨一隊人巡視陣地，行至半道，馬景突然躍馬西去，巡視陣地的隊伍假意追趕了一陣。

　　馬景至鳳翔城下，高叫「開門」，說有要事稟報岐王。鳳翔守將見其孤身獨騎，便放他進入了城門，帶著他去見李茂貞。

　　馬景一見李茂貞就說：「朱溫已經撤軍，只有傷病者近萬人守營，這些人今晚也將離去。現在機不可失，請岐王速速出兵！」

　　李茂貞對馬景道：「怎知你此話為真？」

馬景道：「朱溫暴虐，我久已想反！」說著，就脫去上衣讓岐王等人看。

李茂貞看到，馬景的背上杖痕纍纍，皮開肉綻。王超道：「這小小苦肉計，如何能瞞得過岐王呢？」

李茂貞一聽，喝道：「拖出去斬了！」

左右立時將其拖出，馬景大叫：「冤枉！」

這時，李茂貞的偵騎來報，梁營整日不見做飯煙火，寂然無聲，如空營無異。

李茂貞對王超道：「看來馬景所言確是實情！」

李茂貞將馬景放回，說道：「壯士受驚了，本王就信你的，這就出城掃蕩梁軍，待本王得勝回來，自然重重賞你！」

馬景道：「我願隨大王出戰，以報杖打之恨！」

李茂貞道：「你杖傷未癒，不宜出戰，就在此靜候佳音吧！」

馬景知道，李茂貞這是以他為人質，便說：「好吧，大王此去，定當高奏凱歌！」

李茂貞遂調集全軍，大開城門，直向梁營殺去。待殺近各營，忽聽朱溫的中軍大帳鼓聲雷動，霎時間，寂寂無聲的上百座梁營，精兵盡出。岐軍被殺了個猝不及防，連忙後撤回城。

就在這時，朱溫事前埋伏在各城門口的數百騎軍呼嘯而至。岐軍進退失據，自相踐踏，幾乎全軍覆沒。李茂貞最終屈服。

朱溫以間諜打入敵方陣營，用假情報引敵上當，成功實現了策略構想，由此打破了圍城僵局，最後徹底控制了唐朝廷。

在五代十國時期，挑撥關係、除掉人才以清除阻礙，是各政權的外交策略之一。與其相適應，對鄰國五代南唐《射騎圖》實施的間諜活動也以此策略成為顯著的特徵。

最典型的就是中原政權與南方的南唐政權之間的用間。當時東北的契丹已成為雙方爭取的對象。

先是南唐為牽制中原政權南下，設法挑撥契丹與中原的關係，以期兩者相攻，無暇南顧。而當契丹與後晉約為父子之國時，南唐更是潛心尋隙破壞。

五代十國各政權在爭霸過程中，大量提拔和引進人才的同時，也極力破壞其他國家的賢能之士。

因而，各種用間外交活動往往圍繞敵方陣營中的重要人才而展開，目的就是剷除對方的人才，為自己清除前進道路上的阻礙。

比如荊南的高季昌，為了自身安全而不願看到馬楚王朝強大，他將矛頭對準了馬楚重臣高郁。他一面派間諜大造高郁的流言蜚語，一面親自寄書南楚君主馬希聲，表示「願為兄弟」。

　　高季昌派出的間諜四處活動，致使馬楚國內流言四起，到處傳言「郁謀代馬」，意思是高郁正在密謀取代馬希聲。內外兩種因素助推了高季昌的用間活動。馬希聲很快中計，先是殺高郁不成，接著又罷高郁兵柄。高郁盛怒之下宣泄怨言，馬希聲借此將高郁殺掉，並誅其族黨。

　　在當時，十國政權多由臣屬於中央王朝的地方政權轉化而來，有著先天的割據性特徵，相互間難以整合。而中原政權在政治上承襲中央王朝的衣鉢，向來以正統自居，將十國視為不正統。

　　如吳越國第一任君主錢鏐始終向中原稱臣，臨終仍告誡後人遵循此道。可見，這種正統觀念在當時也是根深蒂固的，這使中原政權在用間外交中具有很強的優越性。

　　最為典型的就是宋滅後蜀前的使者叛變事件。後蜀曾派人聯絡北漢共同夾攻新建的宋朝，但使者孫遇、趙彥韜、楊蠲竟投靠宋朝成為對方的間諜，宋便以此為藉口出兵滅掉後蜀。

　　之所以會出現這樣一邊倒的局面，是因為自秦漢隋唐以來，大一統的思想早已深入人心，分裂時代生活在水深火熱的人民厭惡割據分裂，盼望早日統一安定，而中原政權在亂世中往往承載著更多的統一希望。因此，即便是在詭祕的間諜戰中，也無處不彰顯出所謂正統王朝的優越性。

　　用間外交在政治和軍事領域的應用，對五代十國各割據政權力量的消長及興亡造成了加速或延緩作用。

當然，用間外交作為軍事政治鬥爭的隱蔽戰線，其作用又有一定的侷限性。即使成功的間諜活動其影響程度往往也是暫時和局部的。

如果從當時漸至統一的歷史大勢來看，間諜的作用則更為弱化。因為長期的分裂割據和戰爭對百姓造成了深重的災難，隨著南北方經濟和文化的交流，統一已經成為民心所向，而北方中原的正統地位和政治相對清明也決定了民心北屬。這一切都非一時一地的間諜活動所能扭轉的。

總之，五代十國時期各國間的外交離間之頻，造亂之劇，轉逆乾坤之奇，已經成為那段大分裂歷史中映現的一道色彩斑斕的風景。

閱讀連結

朱溫稱帝後，對手下大臣疑心重重。這天，朱溫突然來到大將軍李勇家。李勇連忙吩咐下去，設宴款待。

宴席上，廚子端著一盤魚上來，還沒放上桌，朱溫突然臉色一變，命身後的衛士將廚子抓住。

李勇見狀大驚，忙問出了什麼事。

朱溫怒氣正盛：「此人竟然藏劍於魚腹！」

廚子連聲喊冤。

這時，朱溫的衛士伸手將那條魚撕開，取出一把短劍。結果，廚子被殺。而李勇也因窩藏刺客罹難。其實，這一切都是朱溫想除掉李勇而一手策劃的。

吳越國與海外諸國的外交

■吳越國王錢鏐塑像

　　錢鏐建立的吳越國是五代十國時期存在時間最長的一個，也是當時數個政權中政局最穩定、結局最完美的一個。

　　吳越國歷任君主以「保境」方針為指導，積極主張與海外諸國進行友好往來。

　　吳越國依靠其發達的海上交通，與朝鮮半島諸國以及日本等國家建立起政治關係和貿易關係，改善了外部環境，促進了經濟發展。

　　錢鏐從建立吳越國一開始，就採取「保境安民」的策略方針，發展與海外諸國的交往。「保境安民」，實際上包括外交和內政兩個方面。如果單從外交上講就是為所謂「保

境」，即透過與各國修好，為自身的穩定和發展創造一個良好的外部環境。

為了「保境」，吳越國積極發展國與國之間的官方往來，並扮演者重要角色。

在吳越國與朝鮮半島諸國的官方往來，見於史籍記載的有不少。後百濟的建立者甄萱遣使吳越，不僅帶有「進馬」之類貿易上的目的，更重要的是，為了對付弓裔、王建與新羅王室，甄萱迫切需要在此之外尋找政治上的支持。

當時後三國的戰爭主要在新興軍閥後高句麗與後百濟之間展開，後百濟與新羅之間也是小戰不斷，而高麗與新羅之間一直保持著友好同盟關係。

吳越國還曾為百濟、高麗兩國進行調停。這一年甄萱攻陷了新羅的首都，導致王建興兵討伐，甄萱在戰爭中處於劣勢，被迫求和。

從錢鏐把頒給高麗、百濟的文書稱為詔書，在詔書中稱甄萱為卿，以及甄萱、王建在提及吳越國時極其恭順的語氣來看，在雙方的外交地位上，吳越國處於絕對優勢地位。

當時中國陷於分裂，在與「外夷」的交往中各行其是，缺少一個公認的中央政權；佔據中原的五代王朝最有力量者擔當起這個角色，但它內部紛亂不已，與外邦的交往相對減少，甚至中斷了。

作為海洋之國的吳越國，地處於他們進行來往的前沿，在這種特殊的形勢下便代表中國大陸在「外夷」面前扮演起

宗主國的角色。吳越國君主錢鏐調停高麗、百濟兩國這件事就是證明。

吳越國與日本的外交，在五代十國時出現高峰，既有官方的遣唐使，又有民間的僧人、學者和商人。

當時日本人學習中國文化的熱情非常高漲，在政治與文化的交往中絕大多數都是他們採取主動。而在經濟交流中採取主動的常常是中國人。

在五代十國時期，中日交往絕大部分是日本與吳越國的交往；同時，雙方的交往大部分是純商業往來，即使政府間的往來也是透過商人進行的。

在吳越國的五位國主中，錢弘俶在位期間，與日本的交往進入高潮。有許多人以使者身分多次赴日，兩地人來物往，飛鴻傳書，保持著密切的關係。

除了國與國政府間的交往，最能體現外交成就的當屬貿易往來。在戰火紛飛的年代，吳越國為保一方平安和經濟繁榮，對外貿易應運而生。吳越國瀕臨東海，造船和航海技術均比較發達，因此在五代十國時與海外諸國交往最為頻繁。

往來於中日間的吳越商人，可見於文獻的有蔣承勛、季盈張、蔣袞、俞仁秀、張文過、盛德言等，他們都擁有自己的船舶。

吳越國在航海中常常利用季風，夏季從杭州灣出發，橫越東中國海，順風駛達日本，秋後再乘東北風返航回杭州。

吳越國商船大多從明州港，即今寧波出發，東渡至肥博多津，即今日本福岡市博多港登岸入日，開展經營貿易。吳越國商船為此間的中日文化交流造成了溝通和橋樑的作用。

與此同時，來吳越國的外國船隻也紛紛湧入杭州灣，帶來了琳瑯滿目的洋貨。可見，杭州商貿已經擴大到跨國海外貿易。

當時的杭商與日本的貿易比較頻繁。那時的日本處於醍醐天皇和村上天皇統治時期，實行「鎖國政策」，禁止日本船隻出海，因此兩國之間的官方往來很少，以民間貿易為主。

僅從日本的史書中所見，前後算來，商船往來有十四次，而實際上恐怕次數要更多。這些往來的船隻，全是中國籍船隻，日本船一隻也沒有。

而中國船隻中，幾乎都是吳越的船隻。當時販賣的貨物以香料和錦綺等織物為主，而日本方面用來做交易的則以砂金等物為主。

除此之外，因為文化交流的需要，名家詩文、經卷、曆書等印刷品和佛畫、佛像等也大量輸入日本，古代明州港貿易復原圖這些文化產品很受海外市場的歡迎。

吳越與朝鮮半島上的後高麗、新羅、後百濟諸國也互有商務往來和文化方面的交流。

當時有一個叫王大世的朝鮮人，選用了一千斤非常貴重的沉木，把它製作成了一座「旖旎山」，吳越王願意拿出五百兩黃金向他購買，王大世竟然不肯出售。但吳越王沒有

強行索取。這說明了吳越國對外貿易往來也是平等交易，買賣自由的。

印度古稱為天竺。據《西湖遊覽志》卷二記載，吳越國時，曾經有一個叫轉智的印度僧人，經海路乘船從杭州回到西天竺。

據《文物參考資料》第二十八期的有關報導，印度的勃拉名納巴特，在唐、五代時是個繁華的城市，後來才衰微頹敗。

二十世紀以來，考古學家曾在該城的廢墟中發現有越州上林湖燒製的青瓷器，應該都是這些僧人從海船中帶回他們本土的。這也表明吳越國時期，兩國之間有著頻繁的貿易往來。

吳越國與阿拉伯地區也有經濟交流。五代時，阿拉伯帝國處於阿拔斯王朝統治時期，首都巴格達，國勢最強盛時，領土橫跨歐、亞、非三洲。

吳越國從大食國輸入的火油，究竟是吳越商人直接貿易輸入還是間接得來，缺乏考證，不得而知。火油即石油，吳越的舟師水軍把火油用於軍事。

吳越國派出的使者，東到日本，北往高麗、契丹，南迄林邑、婆利，西至大食、波斯。使節的往來，促進了文化、商貿、宗教等方面的交流。

　　錢鏐當上節度使以後，擺起闊綽來。他的父親對他很不滿，常常有意避開他。錢鏐得知父親迴避他，心裡不安。

　　老人說：「我家世代都是靠打魚種莊稼過活，沒有出過有財有勢的人。現在你拚到這個地位，周圍都是敵對勢力，還要跟人家爭城奪池。我怕我們錢家今後要遭難了。」

　　錢鏐聽了，表示一定要記住父親的囑咐。錢鏐就是靠他的謹慎小心，一直保持他在吳越的統治地位。吳越國雖然小，但因為長期沒有遭到戰爭的破壞，經濟漸漸繁榮起來。

▌宋朝政治外交與經濟貿易

■宋太祖趙匡胤畫像

　　宋朝的政治外交對象主要是遼、夏和金三個少數民族政權。宋朝在政治外交上採取議和苟安的傳統國策，針對不同的外交對象，給予不同的外交禮遇，並使之專門化。宋王朝

還在京城設置了大型的外交接待的館驛，作為國家接待各國使節的重要地方，每個外交館驛都有比較嚴格的管理條例作為其制度化管理的依據。

宋朝的對外文化和經濟貿易往來非常頻繁，其活動以華夏文化為軸心，遍及整個亞洲乃至非洲，對世界文明的發展做出了貢獻。

宋朝時前後出現了契丹族建立的遼、党項族建立的夏和女真族建立的金等三個少數民族政權。

遼與金國都對宋朝構成巨大威脅，其外交事務主要由樞密院的禮院負責，包括文書往來、使節派遣和一切接待事宜等。

其他如西夏及高麗和交趾等國，由於宋朝視他們為藩屬國，所以發出的外交文書和禮物等皆稱「制詔」或「賜」，對其國家外交稱為「冊封」。

宋朝在京城設置許多外交接待館驛，作為國家接待各國使節的地方。當時遼國在都亭驛，西夏在都亭西驛，高麗在梁門外安州巷同文館，回鶻、于闐在禮賓院，三佛齊、真臘、大理、大食等國家在瞻雲館或懷遠驛。此外，宋朝專門設置主管往來國信所，作為負責與遼、金交往的具體事務機構。

宋朝有名的外交家有富弼、沈括與洪皓。富弼在外交上面對大軍壓境的遼國時屢立奇功。他以理挫敗自傲的遼使，迫使遼使行參拜之禮，後又兩次出使遼國，挫敗遼國割地要求。

富弼分析宋、遼、西夏三國的關係，認為遼與西夏強盛的原因是獲得資源與人力而至，並且協助宋朝撬開遼夏同盟，使宋、遼、西夏三足鼎立的格局逐漸穩定下來。

沈括曾為宋遼邊界問題出使遼朝。西元一零七五年，遼朝派大臣蕭禧到東京，要求劃定邊界。宋神宗派大臣跟蕭禧談判，雙方爭論了幾天，沒有結果。當時宋神宗派去談判的大臣不瞭解那裡的地形，明知蕭禧提出的是無理要求，又沒法反駁他。宋神宗就另派沈括去談判。

沈括先到樞密院，從檔案資料中把過去議定邊界的文件都查清楚了，證明那塊土地應該是屬於宋朝的。他向宋神宗報告，宋神宗聽了很高興，就要沈括畫成地圖送給蕭禧看，蕭禧才沒話說。

宋神宗又派沈括出使遼都上京。沈括首先收集了許多地理資料，並且叫隨從的官員都背熟。到了上京，遼朝派宰相楊益戒跟沈括談判邊界，遼方提出的問題，沈括和官員們對答如流，有憑有據。最後，遼朝官員只好放棄了他們的無理要求。

沈括帶著隨員從遼朝回來，一路上，每經過一個地方，把那裡的大山河流，險要關口，畫成地圖，還把當地的風俗人情，調查得清清楚楚。回到東京以後，他把這些資料整理起來，獻給宋神宗。宋神宗認為沈括立了功，拜他為翰林學士。

洪皓在南宋危難之時出使金國，被拘十五年，但仍不願投降金國。洪皓曾屢次派人向被囚禁在五國城的宋徽宗、宋

欽宗及在臨安的宋高宗祕密傳遞消息。歸國後，宋高宗稱他勝似當年出使匈奴的蘇武。

在宋朝，使節的主要任務是履行外交使命，但同時都兼負訊息蒐集之責。宋朝透過多種途徑獲得諸國方位、風土物產等一般訊息和軍情政情，相當程度豐富了宋朝對境外世界的認識。

宋朝的對外文化和經濟貿易遍及整個亞洲並遠至非洲。在交往活動中，宋代向海外輸出的商品，除傳統的絲織品外主要是瓷器。

北宋的制瓷業，在生產技術、花色品種等方面都達到了空前的水準。五大名窯的產品，由於做工精細、式樣典雅，是海外諸國爭相購買的商品。開封官窯、越州哥窯就設在運河沿岸，其他名窯如定州定窯、汝州汝窯、禹州鈞窯的產品從運河運往杭州，轉至明州、廣州港運往海外各地。

由於瓷器是易碎之物，用陸路運輸遠不及水運安全便利，因此，大運河為中寓瓷器由產地直接裝船運往日本、高麗、南亞、波斯及非洲、歐洲提供了最為便捷可靠的條件。

當時由海外來宋朝的使臣商人以大食和高麗人為最多。這些外國使臣就用宋朝所賜的大量銀兩在京師開封或其途經之地，購買王室貴族或本國所需之物，如中國的絲綢、瓷器等滿載而歸。大運河沿岸的杭州、蘇州、明州、真州等地都是他們聚集交易之所。

宋朝政府也鼓勵各地商人到使臣駐地進行交易，為他們提供種種方便條件。當時與宋朝進行商貿交往的國家多達

五十多個，為此，政府在開封設立掌管與外國通商之事的権易署，把國內各地貨物增價賣給外國商人，最高額曾達到五十多萬貫。

同時，政府還允許中國商人將一部分南海舶來的香料、珠寶、象牙轉賣給外國商人，從中賺取利潤。

民間商賈還在汴京大量收購香料，在運河裝船南下至浙東運河出海，長途販運至日本，隨船還帶去中國產的絲綢、瓷器、茶葉等貨物。他們在日本換回砂金、硫黃、水銀、絹布、扇子、刀劍等，將滿船日貨沿運河載入汴京市場出售。

當時汴京的相國寺一帶就是繁華的交易市場，在那裡可以看到日本的刀劍、繪畫扇、屏風等。

高麗國是與宋朝交往最密切的國家，宋神宗「待高麗人最厚，沿路亭傳皆名高麗亭」。雙方貢賜數額巨大，不可勝數。這種對外交往中的貢賜，在古代社會裡，其實質是一種帶有商業色彩的貿易行為。

高麗人善於舟楫，宋代運河與海路相連，為宋與高麗的交往提供了極為便利的條件。高麗將良馬、金銀、銅器運入中國，換回大量的瓷器、茶葉、漆器。

由於雙方貿易頻繁，宋朝政府在浙東運河沿岸的明州設立「來運司」專門負責與高麗的往來貿易業務，並配備巨艦兩艘、小船百餘只供高麗商人使用。又在明州設立高麗行館，為高麗商人提供食宿之便。

高麗政府每次遣使到宋朝都要搜求大量書籍，宋朝政府也多次向高麗贈予大量的經卷典籍。這些書籍由開封藉助運河運往明州出海。

宋代造紙業、雕版、活字印刷技術發展很快，刻書業也很發達，為適應海外客商使臣的需求，在運河沿線出現了許多印書坊。當時開封、杭州是全國印刷業的中心，民間商人常私刻中國經籍，由運河運往高麗出售。許多書籍流入高麗，對朝鮮文化產生了很大影響。

隨著商業貿易的頻繁往來，日本與宋朝的文化交流也不斷發展，其主要表現是兩國間佛教徒經常性的互訪。

宋太宗時日僧成算等乘宋商船渡海入宋，參拜天臺山後入運河乘船北上到達宋都汴京，覲見宋太宗後又入汴北上五臺西巡龍門，再轉回汴京。宋太宗禮遇甚厚，賜予宋版《大藏經》及許多中國典籍。四年後日僧又西渡入宋，由汴河南下臺州後乘宋商船返國。

數年後，日僧寂昭、元燈等相繼來到宋朝，宋真宗分別授予大師稱號，賜給紫衣，事後他們亦順汴水南下至江南，在蘇州吳門寺留住多年。

南宋時期由於淮河以北的廣大地區被女真人佔據，南宋政權控制下的運河僅剩下淮河以南河段。臨安段運河充分發揮了它的作用，維繫著首都與海港的交通運輸，使餘杭四明，通藩五市。

南宋政府亦投入較大的人力物力疏濬運河河道，維護堤岸，使這段河道保持暢通。當時由於運河通航條件良好，南

方相對穩定，外商入南宋人數逐年增加，運河沿線市井繁榮、交易活躍。兩宋時期，中國和西亞地區的關係有進一步的發展。當時中國販運到阿拉伯地區的貨物，主要有絲織品、瓷器、紙和麝香。

中國的廣州、泉州、揚州，則是阿拉伯商人頻繁往來的地方，他們通常販運香料、藥材、犀角、珠寶到中國，再收購絲綢、瓷器等商品。

當時在廣州、泉州城內，還居住著許多阿拉伯富商。阿拉伯人把阿拉伯文化，如天文、曆法、醫學等介紹到中國，又把中國文化傳播到西方。

中國的造紙術、煉丹術、火藥、指南針等，就是由他們先後傳播到非洲和歐洲，對西方文化的發展發揮很大的作用。

宋朝和非洲也有交流。在東非海岸的摩加迪休、布臘伐、桑給巴爾、馬菲亞島、基爾瓦群島等地，都不斷發現那裡遺存下來的唐代和宋代的錢幣；在格迪、奔巴島、桑給巴爾、坦噶尼喀和基爾瓦群島，也曾發現宋代的瓷器和瓷器的碎片。這些都是中國和非洲交往的歷史見證。

閱讀連結

沈括為了維護宋朝邊境的安全，十分重視地形勘察。有一次，宋神宗派他到定州去巡視。他假裝在那裡打獵，花了二十多天時間，詳細考察了定州邊境的地形，還用木屑和融化的蠟捏製成一個立體模型。

　　回到定州後，沈括要木工用木板根據他的模型，雕刻出木製的模型，獻給宋神宗。這種立體地圖模型當然比繪製在紙上的地圖更清楚。

　　後來沈括又完成了《天下郡國圖》，這是當時最準確的一本全國地圖，對界定與周邊國家的邊界有重要價值。

▌元代廣闊區域的外交往來

■元世祖忽必烈畫像

　　蒙古建立連通歐亞兩大陸、銜接三大洋的超級帝國，使東方與西方的交流，出現了地域廣闊的發達景象。

　　元代在地域上與亞洲、非洲、歐洲各國建立了多種聯繫，交流範圍空前擴大。商人、教士與使節往來更為頻繁。

　　元代的對外交流，使中國先進科技成果廣泛外傳，極大地促進了世界文明的發展。中華民族的外交活動風格，在這一時期時進入到一種空前的「崇尚胡人胡風」的境況中。

在元代，中國和高麗之間的經濟、文化交流有了進一步發展。元代曾在高麗王京派駐達魯花赤，但不直接干預政務，只負監視之責。還在高麗設置征東行省，但不派行省官，就以高麗王為行省丞相，原有機構不變。因此，在元代高麗基本上保持了獨立地位。

元初，高麗博士柳衍從江南購得經籍一點零八萬卷回國。兩國商人、僧侶將本國的大批書籍運入對方境內。元仁宗贈給高麗宋祕閣舊藏善本三千四百多冊。

「程朱理學」傳入高麗。高麗人在大都獲得《朱子全書》新版，帶回國去，在太學講授。後來，白頤正又從大都帶回許多「程朱理學」著作，在太學宣講。接著，朱熹《四書集注》由祕書省書籍所刊行，這是權溥建議的結果。理學在高麗廣泛傳播，使得李谷、李齊賢、李先稽等理學大師脫穎而出。

當時的高麗語言傳入中國，元代宮廷中許多人都會講高麗語，連守衛宮門的衛士也學得高麗語。

元代，很多高麗人來到中國，他們中有不少人就僑居在各地。其中做官的也不在少數。許多學者和僧人，由於他們精通漢文，有些是奉命出使而來，有些是私人前來遊學。在中國，他們廣交文人，彼此相互切磋，唱和酬答，建立了十分密切的關係。

西元一二六一年，高麗王來到上都，即今北京，隨同的國相李藏用對漢文學有很深的造詣，曾出席中國詩人的文會。高麗著名詩人李齊賢的詩集《益齋亂稿》，被認為是朝鮮文學史上的優秀古典作品。

古代外交：歷代外交與文化交流

近古時期 廣交天下

　　中國和日本是一衣帶水的鄰邦。唐代，兩國的文化交流極為繁盛。元代雖兩次侵襲日本，但兩國民間的經濟文化交往，仍很密切。自西元一三零五年至一三五零年，有三十三年都有日本商船來元代。元代和日本兩國僧人互相訪問極為頻繁，據日本史學家木宮泰彥統計，來華日僧僅知名者即達兩百二十餘人。西元一三二六年，元代一次就遣日本僧瑞興等四十人回國。

　　元代許多高僧的墨跡傳到日本，對日本的書法影響不小。日本的一些書法家的作品，也深受元代文人的重視。元代文人的詩畫得到當時日本文人的讚賞。

　　當時有許多僧人到日本傳授禪宗學說。西元一二九九年，妙慈弘濟大師奉元成宗之命出使日本，先後住持建長、圓覺等寺。妙慈弘濟大師居日本十九年，傳授禪宗學說，日本稱其為「一山派」。

　　妙慈弘濟大師把程朱理學傳到日本，他培養的弟子虎關師煉是日本理學先驅。程朱理學和禪宗學說融為一體，長期成為日本統治階層的思想武器。他圓寂後，日本天皇特贈國師封號。

　　當時的中南半島諸國如安南、占城、真臘、緬國，與元代一直保持著密切聯繫。安南也叫交趾。安南國主陳聖宗也遣使報聘，元世祖封他為安南國王。安南在陳朝時，多以儒臣充任使者，派往元代，因而他們得以結識元代文人學士，賦詩贈答。安南國王還遣使入元，請贈佛經。元代流行的雜劇對安南歌劇藝術的形成頗具影響。

西元一三二四年，元代使臣文子方出使安南，回國後著《安南行記》，載其國山川土俗。留居中國的安南人黎景高著有《安南志略》一書。

西元一三五七年，占城國主遣使元代。次年，元代封之為占城國王。後來元代與占城國的關係一度惡化，進兵侵掠占城。元成宗即位後，下令停罷征南之兵。從此元與占城使節往來不絕。

真臘自稱甘孛智，即柬埔寨，很早就與中國交通往來。元成宗初年，元代遣使真臘，隨行人員中有周必觀，他到達真臘都城吳哥，撰成《真臘風土記》一書。書中描述的當時真臘人民所用的生活日用品，都購自於元代。元時，有許多中國人僑居真臘經商，並娶當地婦女為妻。《真臘風土記》一書的完成，增進了中國人民對真臘的瞭解，也為今柬埔寨人民保存了可貴的歷史資料。

暹國又稱泰國。西元一二八二年，元代遣使暹國，因航路受阻，未至其國。至一二九二年，暹王遣使攜國書至大都。次年，元代遣使者去暹國通好。

西元一二九四年，暹國王蘭甘亨遣使至中國，元成宗遣使臣回訪。此後，暹國與元代的關係更為密切。一三零零年，暹國的蘭甘亨第二次來中國，帶走不少的陶瓷工匠回國，開創了暹國的陶瓷業。

緬甸古名蒲甘或緬國。西元一二七一年，元代遣使奇德托因去緬國通好，緬國遣價博出使元代。一二八九年左右，緬王的遣使貢納方物。一二九六年，緬王又遣其子朝見元成

宗。次年，元成宗遣使送緬王之子歸國，封其父為緬國王，並賞賜其權臣。

元代在南宋的基礎上，繼續發展同南海西洋諸國的友好關係。忽必烈曾令唆都等奉璽書十通，招諭南海諸國，占城和位於印度東海岸的馬八兒等俱奉表入貢。西元一二七九年，馬八兒國遣使元代。

南海諸國如馬八兒、馬蘭丹、蘇木都剌等，皆遣使元代。元代商人在南海的貿易十分活躍，其中不少人遷居於南海諸島。

元代時非洲北部最強大的國家是埃及的曼麥流克王朝，元代人稱埃及為密昔兒。

曼麥流克王朝大臣烏馬里，著有《眼歷諸國行記》一書，書中除了記載自成吉思汗的祖先阿蘭果火直到元泰定帝也孫鐵木兒的簡要歷史外，闊臺後王、察合臺後王、術赤後王的情況以及他們與元代的關係等也均有記錄。這部書是研究蒙古史和元史的寶貴史料。

元代著名旅行家汪大淵附商船出海，往來於中國、非洲，至數十國，回國後著《島夷志略》一書，記其所見所親。其中記載了位於非洲東海岸附近的層拔羅國，即今之桑給巴爾。

摩洛哥人伊本·拔圖塔是元代著名旅行家。西元一三四一年，元順帝遣使至印度，君主德里算端派伊本·拔圖塔到中國報聘，他於一三四二年離德里赴中國。一三五四年伊本·拔圖塔自泉州啟程回國，口述其旅行經歷，由算端派書記官術札伊記錄成書。在他的《遊記》中記載了元代與海外各國貿易

往來的情況，其中有中國的瓷器運銷印度及其他海外國家，並轉銷到摩洛哥的記述。

在有回族人聚居的城市中，如大都、太原等地，都建有清真寺。元代設立管理伊斯蘭教徒刑名事務的機構。在元代，伊斯蘭教徒與佛、道和基督教徒一樣，都享有特許的優免賦役的權利。他們定居各地之後，都在不同程度上接受了漢文化，不少人成為漢文化修養很高的文學家，同時也把中亞的伊斯蘭文化傳播到中國。

與此同時，大批蒙、漢等各族人遷入中亞和西亞諸地。當旭烈兀西征時，除大批蒙古軍外，曾徵調漢人匠師上千人隨征，其中包括使用火藥的火槍手。

隨同旭烈兀西征的有中國天文學家多人。其中一人名包蠻子最為著名，中國的天文推步之術，是由他傳授給伊朗的著名天文學家納速剌丁的。漢人學者李達時、倪克孫參與了伊利汗國丞相拉施特所編纂的世界歷史名著《史集》一書。

旭烈兀西征時，中國發明的火藥輾轉經過阿拉伯而傳入歐洲，對世界文明的發展作出了貢獻。著名的全真道士丘處機和政治家耶律楚材都曾親歷中亞；旅行家常德奉使於旭烈兀，且遠及呼羅珊諸地。

東西方之間政治、經濟關係空前密切，人口交互遷移，文化上的交流也因此更為發達。中亞城邦中所習行的理算與商業斡脫組織等制度，都在元代的政治制度、社會生活中產生了影響。一些色目權臣，也多慣於把中亞的統治制度強行推行於漢地，這種情況直至成宗以後才有所改變。

回族的優秀科學成果如醫學、天文學等傳入中國後，受到元代人民的歡迎。著名的回族天文學家札馬魯丁在 西元一二六七年進《萬年曆》，忽必烈曾一度下令頒行。札馬魯丁又創造了七件西域儀象，用來觀測天文，元代為此專設有回族司天臺。

札馬魯丁創造的七件天文儀器，一是混天儀，是一種多環相套的儀器，用青銅製造；二是測驗周天星曜之器即方位儀；三是春秋分晷影堂，可以往來窺運，側望漏屋晷影，驗度數，以定春秋二分；四是冬夏至晷影堂，以定冬夏二至；五是渾天圖即天象儀或天球儀；六是地球儀；七是晝夜時刻之器，是綜合日晷、星晷的計時器。

當時一直有許多天文工作者在回族司天臺從事天文和曆法工作。在這裡，天文學家郭守敬利用波斯天象圖和演算結果，製造出了自己的儀器，並設計出了自己的日曆《授時曆》，該日曆在稍作修改後在明朝被廣泛使用。

回族司天臺歷經上百年，它書寫了天文研究史上的輝煌篇章，永遠是人類文明史上光亮的一頁。

回族醫學頗負盛名。元代在太醫院下設廣惠司，掌修制御用回族藥物及和劑，以療治諸宿衛及在京孤寒者。敘利亞人、景教徒愛薛是廣惠司的創建人。回族藥物與驗方在當時社會上引起了普遍的重視，大食人也黑迭兒是出色的建築工程師，忽必烈時任茶迭兒局諸色人匠總管府達魯花赤，兼領監宮殿。在大都宮城的設計中，心講目算，指授肱麾，鹹有成畫。後與張柔等同行工部事，管領修築宮城。

尼泊爾著名的繪畫雕塑家阿尼哥，受元代帝師八思巴之招，率領匠師八十人造黃金塔於吐蕃。後從八思巴入京，以塑繪和工巧著名一時，兩都寺觀的塑像，多數由他塑造。

制炮家阿老瓦丁和亦思馬因是伊利汗阿八哈應忽必烈之命派遣來元代的，他們所造的巨炮即一種投石機，具有強大的摧毀力。元軍攻破宋朝的襄陽與常州時，多借此種武器。

蒙古的幾次大規模西征和四大汗國的建立，使中國與歐洲交往空前發展。歐洲的貢使、商人、旅行家和傳教士絡繹東來。其中，馬可·波羅以他的遊記著稱於世。

馬可·波羅在其《行紀》中說他曾奉使雲南、江南及占城、印度諸地，在揚州做官三年。西元一二九一年，忽必烈應伊利汗國的請求，把闊闊真公主嫁給阿魯渾汗。馬可·波羅隨同阿魯渾使臣護送公主，由海道西行。於一二九二年左右抵達伊利汗國，完成了護送任務。

西元一二九五年，根據馬可·波羅口述在旅途和在元代定居期間的見聞，整理出版的《馬可·波羅行紀》，傳播甚廣，加強了歐洲人對東方的瞭解。

鄂多立克是羅馬天主教聖方濟各會修士，他是繼馬可波羅之後，來到中國的著名旅行者。鄂多立克著有《鄂多立克東遊錄》，在歐洲廣為流傳，為中、西文化交流做出了巨大貢獻。

元代也派遣使者去歐洲。中國基督教的聶斯脫里派修道士、大都人列班·掃馬與東勝州人麻古思，決意去耶路撒冷朝

聖。他們得到忽必烈的准許，於一二七八年帶聖旨文字隨商隊西行。抵巴格達後，因戰爭，留在伊利汗國境內。

西元一二八零年，麻古思被任命為契丹與汪古部的大主教，改名為馬兒亞伯剌罕。一二八一年，因馬兒亞伯剌罕是蒙古人，而被選推為駐巴格達的聶斯脫里的總主教，並得到阿八哈汗的核準。

列班·掃馬的西行，促使羅馬教皇尼古拉派遣傳教士約翰·孟德科維諾前來東方聯繫並進行傳教活動。西元一二九三年左右，約翰·孟德科維諾渡海來到大都，元成宗接見他，並允許在大都自由傳教。

約翰·孟德科維諾在大都皇宮附近興建了一座教堂，到西元一三零五年，先後洗禮人數達六千人。天主教在大都的傳播，與約翰·孟德科維諾密切相關。

歐洲諸國透過海路和陸路直接與中國建立聯繫，多次派使臣、傳教士和商人東來；中國也派使臣去歐洲諸國，規模之大，地域之廣，超過了中國歷史上任何一個朝代。

閱讀連結

成吉思汗西征時，曾經將一大批投附的官員、軍卒、工匠和驅奴俘虜東來，這些人以後又輾轉遷入內地。隨後，有大批中亞的商販和旅行家，沿著東西驛道，絡繹東來。

在元代的文獻中，把這些人泛稱為「回回人」、「西域人」或「大食人」，統歸為「色目人」。

色目人在內地的蹤跡遍及城鄉各處，但仍保持原有的習俗，往往在一個地方內聚居，並遵循自己的嫁娶喪葬和宗教信仰。這部分人對西方文化在中國的傳播發揮了積極的作用。

古代外交：歷代外交與文化交流

近世時期 半開國門

近世時期 半開國門

　　明清兩代是中國歷史上的近世時期。在明清時期，中國社會的發展逐步落後，西方殖民者開始對中國殖民擴張和掠奪。

　　面對西方殖民者的擴張和掠奪，中國封建統治階級對外政策由開放交往趨向閉關保守。但這一時期也不乏友好的中外經濟文化往來，如鄭和下西洋。

　　大批華僑南下後對南洋的開發和建設作出重大貢獻，西方傳教士紛紛來華帶來了西方的先進科技，同時又把中國的儒學等思想成果介紹給了西方。

▋明初萬國來朝的外交盛景

■明太祖朱元璋畫像

元末明初，出身寒微的朱元璋在歷史洪流中拔地而起，建立了明王朝。稱帝以後，面對經濟凋敝，民心浮動的社會現實，朱元璋及時地提出了「修養安息」的基本國策，制定了一系列以睦鄰友好為核心的外交政策。

由於明成祖積極開展睦鄰友好的外交活動，使數十個國家與明朝保持了良好的外交關係。

明朝前期對外交往活躍，鄭和七下南洋，加強了明朝的對外經濟文化交流。與鄭和相得益彰的是先後五次遠赴西域的外交家陳誠。他與鄭和一海一陸，共同開創了「萬國來朝」的盛景。

在明朝的對外交流中，鄭和七下西洋，為推動歷史的進步和當時的社會經濟發展做出了重要貢獻。

　　西元一四零五年，明成祖朱棣命正使鄭和，副使王景弘率士兵兩萬八千餘人出使西洋，造長四十四丈，寬十八丈的大船六十二艘，從蘇州劉家河泛海到福建，再由福建五虎門揚帆，先到占城，即今越南中南部地區，後向爪哇方向南航，次年六月在爪哇三寶壟登陸，進行貿易。隨後到三佛齊舊港、蘇門答臘、滿剌加、錫蘭、古裡等國家。一四零七年回國。

　　從西元一四零七年至一四三零年，鄭和又前後六次下西洋。在最後一次出航的返航途中，鄭和因勞累過度，於一四三三年在印度西海岸古裡去世，船隊由太監王景弘率領回到南京。

　　鄭和七下西洋是中國古代歷史上最後一件世界性的盛舉，此舉展示了明朝前期中國國力的強盛，中國的海軍縱橫大洋，實現了萬國朝貢，盛世追跡漢唐。

　　與鄭和七下西洋相比，另一個傑出外交家陳誠，以其堅韌的決心，無畏的鬥志，先後五次西出陽關，遠赴西域，與鄭和共創「萬國來朝」的外交盛景。

　　在當時，建國於今天新疆的「東察合臺汗國」可汗黑的兒火者遣使入南京朝見朱元璋，從此正式確立了對明朝的藩屬關係。然而東察合臺汗國在奏章裡對其西部鄰國「帖木兒帝國」的描述，卻引起了朱元璋的重視。

　　早在西元一三八七年，明朝在掃清北元殘餘勢力獲得大捷後，帖木兒即遣使至南京，尊奉大明王朝為「上國」，但是，

根據法國歷史學家布里哇的《帖木兒帝國》一書中的記錄，「他的終身夢想就是解除對中國的臣服」。

鑒於以上情況，朱元璋準備派使節出鎮西域，意圖加強西北防務，而陳誠則承擔了這個任務。

西元一三九六年冬，陳誠抵達柴達木盆地，招撫當地部落，並在柴達木盆地建立「安定衛」「曲先衛」「阿端衛」三個軍事要地，並請朝廷派遣熟悉農務的官吏，在當地推廣中原先進農業生產技術，發展生產。此舉令當地遊牧部落從此轉為定居生活。

西元一四一三年九月，陳誠第二次出使帖木兒帝國。此次，陳誠走訪當地知名宗族，商會，結好駐帖木兒國的各國使臣，更逐一駁斥許多逃到當地的故元遺臣對明朝的歪曲描述。中國使團帶來的瓷器，絲綢等精美禮品，更在當地產生了轟動效應。

陳誠一行人返歸南京後，向朱棣獻上記錄他出使心得以及中亞各地風貌的著作《西域行程記》和《西域番國志》。

西元一四一六年，陳誠率使團三赴西域，這次的主要任務是同西方各國議定每年互派商隊的數量，達成貿易協定。

陳誠抵達帖木兒帝國，在與帖木兒帝國愉快達成商貿協議的同時，更贈予沙哈魯一件他精心準備的禮物，即由明朝宮廷畫師精心繪製，畫有沙哈魯進獻給永樂皇帝寶馬的《奔馬圖》。

沙哈魯感動不已，不但熱情招待了陳誠一行，更親手寫了一封致朱棣的書信，朱棣回覆了一封同樣熱情洋溢的信件，

坦言兩國已「相隔雖遠，而親愛愈密，心心相印，如鏡對照」。並希望從此後「兩國臣民，共享太平安樂之福也。」兩位當時東西方最強大帝國君主的通信，誠為「世界和平」的千古美談。

西元一四一八年，陳誠第四次被派往西域出使。這次出使給帖木兒國帶來了朱棣特命翻譯的中國北魏賈思勰的《齊民要術》和北魏酈道元的《水經注》兩部典籍，陳誠更主動與帖木兒國主管農業的官員接洽，詳解書中的疑難之處。沙哈魯還在其王宮裡開闢了「試驗田」，中國先進的農業灌溉技術從此在中亞地區廣為傳播。

陳誠歸國時攜中亞各國回訪使團五百人返歸北京，朝見正籌謀北征蒙古的朱棣。朱棣特意派六千精銳騎兵從肅州開始一路護送。

此時北京周邊重兵雲集，旌旗招展，朱棣允準帖木兒使臣可在當地自由參觀，各路部隊不可妄加阻攔。更在明軍「三千營」、「五軍營」、「神機營」中挑選精兵，為使臣們表演馬術騎射，步兵突擊，火器操練等「軍事科目」。

在歷時半年的參觀後，臨歸國前再次覲見，卻齊行跪拜禮，叩首觸地。帖木兒使團首領阿爾都沙更對朱棣坦誠相告：此次帖木兒國進獻的「名馬」，乃是沙哈魯父親帖木兒南征北戰時的「御用坐騎」，素來是帖木兒國的「國寶」，這次進獻給朱棣，正是「欲表示最敬之意也」。一番話令朱棣龍顏大悅，下令厚賜。

帖木兒使臣歸國後，對此次出使的詳情記錄頗細，近現代西方史學家對明朝軍事實力的研究，大多以此為依據。這次出使無疑收到了「不戰而屈人之兵」的效果。

西元一四二四年一月，陳誠開始籌劃他的第五次西域之行。使團於四月出發，五月到達甘肅時，忽傳來朱棣病逝的消息，即位的明仁宗朱高熾下詔停止這次出使。陳誠在安撫了哈密、柴達木地區的少數民族部落後，於十一月返回北京。

此時的明仁宗不務遠略，大規模的出使行動遂中止，屬於陳誠的舞台也就此結束了。

西元一四二八年，帖木兒國再派使節出使大明，並熱情邀請大明派使節回訪，其中坦言帖木兒國王沙哈魯對陳誠掛念不已，希望大明再派陳誠出使。但最終被明宣宗婉拒。

陳誠五出西域，通好外邦，宣示大明國威，確為中世紀中國外交史的重要人物。而在中亞乃至西方，陳誠也聲名遠播，今天的烏茲別、哈薩克等地，都保留了不少陳誠使團當年出使的遺蹟。

明朝與葡萄牙也有往來。歐洲進入大航海時代後，葡萄牙人就持續開拓前往印度、中國的航路，西元一五一一年葡萄牙佔領麻六甲後，就意圖在中國建立貿易據點。一五一三年，葡萄牙國王曼努埃爾一世為想要與明朝通商，派出使節團前往中國。

葡萄牙使節團本來想在廣州登陸，但被拒絕入境。他們改以武力佔據屯門，與明朝爆發屯門海戰、西草灣之戰，結果葡萄牙戰敗。最後明世宗嘉靖皇帝同意入境，並且讓葡萄

牙人在澳門開設洋行，修建洋房，允許他們每年來廣州「越冬」。

這是西方列強第一次正式的登陸中國。在此之後，西班牙、荷蘭、英國等歐洲國家相繼派使團東來，使得不少西洋事物傳入中國。

在與歐洲的交往中，與明朝有深厚關係的是被派到中國的義大利傳教士利瑪竇。西元一五八二年，利瑪竇奉命前往中國教區工作。利瑪竇在中國很快學會中文，並穿儒服、通儒書，頗得明朝士大夫好感。

後來，利瑪竇被舉薦到北京，頗得明神宗信任。他向中國進獻堪輿萬國全圖、自鳴鐘、日晷、西洋大砲、望遠鏡、火槍、西藥、聖母瑪利亞像、十字架等貢品，先後在北京、肇慶等地展出。

利瑪竇不僅傳播天主教，還啟發徐光啟、李之藻等人學習西學。另外他還將中國各種文化傳入歐洲，如儒家思想、佛道學說、圍棋等，可謂「貫通中西第一人」。

由於明初實施朝貢體制，朝貢貿易薄來厚往，許多日本人冒充朝貢使者來賺取好處。日本實際上是處於割據狀態，沒有統一的中央政權，很多到中國來冒充朝貢使者的日本人沒有日本政府的管轄，朝貢後他們滯留在中國沿海搶劫。這就是明初的倭寇。倭寇逐漸勢大，對明朝的海疆構成嚴重威脅。

為防止倭寇，朱元璋就頒布海禁政策。從此之後，如果要來中國做生意，必需朝貢兼貿易，否則不予，這就是所謂

的「朝貢貿易」，兼具有懷柔拉攏周圍國家的用途。後來到明世宗時期，徹底實行海禁，斷絕對日貿易。直到戚繼光等名將力行抗倭，倭寇才被剿清，海疆形勢才趨於平靜。

閱讀連結

陳誠二次出使帖木兒帝國期間，以其優雅的大國使節風範，得到了沙哈魯的敬重。但沙哈魯麾下大將阿哈黑卻當場發難，指責明朝是驅元而起，素來是蒙古人仇敵，此來不可不防。

陳誠則坦言國家興亡，在德不在威。接著一一列舉元朝遺留舊臣在明朝受到優待的事實，並正告帖木兒國君臣：明朝與帖木兒國的通好，是行德安民之舉，若再起爭執，只會「禍連貴國蒼生」。

有禮有節的應對令帖木兒國君臣上下嘆服，阿哈黑當場被沙哈魯下獄。

清代的中外經濟文化交流

■康熙皇帝畫像

清朝在鴉片戰爭前兩百年間，執行禁海閉關的政策，並將這一宗旨貫徹始終。但從形式上看，清王朝禁海閉關的時間並不很長，嚴格的禁閉只有從順治至康熙年間的三十年時間，其他都是部分或臨時的。

除此之外，對外交流基本上是開放的。因此，清代對外繼續保持著傳統的友好關係，透過陸路和海陸與世界各國在經濟文化上進行交流。

閉關這一政策對西方殖民者的侵略活動，從一定程度上打擊和限制了猖獗的海上走私以及海盜行為。對沿海地區的穩定發揮了積極作用。

古代外交：歷代外交與文化交流

近世時期 半開國門

在清王朝統治初期實行禁海時，英國、荷蘭就不斷入侵廣州和福建沿海，公開或祕密進行貿易。西元一六八四年開放海禁以後，清王朝正式在澳門、漳州，即今廈門、寧波和雲臺山先後設置海關，開放對外貿易。

但西方殖民主義國家並不以此為滿足，他們要求擴大絲、茶產區鄰近的廈門和寧波的貿易，甚至企圖深入絲、茶產區，建立貿易據點。這不能不引起乾隆帝的警惕，因此清王朝便下令關閉廣州以外各口，只許西方商人在廣州貿易。

清王朝對出口商品的限禁，首先是出於政治上的原因。火炮、軍器是絕對禁止出口的，甚至包括鐵鍋在內。顯然，從軍火到鐵鍋的限禁，都不是出於經濟上的考慮，而是著眼於國防的安全，防止外國的侵略。在「尺鐵不許出洋」的禁令下，清王朝和世界各國的聯繫，對外經濟貿易和文化交流均有所發展和提高。

中國西部和中亞細亞接壤。清朝統治時期，在塔克拉瑪干沙漠南北兩側的兩條主要商道上，北路的吉昌，店鋪櫛比，繁華富庶。南路的莎車，貨物堆積，人流很大，成為當時對外貿的大城市。

中國和西南諸鄰國的陸路貿易，也有長久的歷史。在西藏，以札什倫布為樞紐，有一條南向的傳統國際商道，經不丹以達孟加拉。

在這條商道上，除了尼泊爾、不丹和西藏的直接貿易以外，還有從孟加拉輸入的棉花、皮革、菸草、染料、珍珠、

珊瑚以及剪刀、眼鏡一類日用品。由西藏輸出的，則以岩鹽、金砂、硼砂、麝香為大宗。

遠離海洋的西藏人，把珍珠、珊瑚看成是「最寶貴的珍飾」，而西藏出產的金砂，經由尼泊爾流入印度，也使尼泊爾享有「黃金之國」的盛名。

在中國和中南半島上的越南、暹羅與緬甸諸鄰國的陸路貿易中，緬甸居於比較重要的地位。從雲南的大理到緬甸的八莫，是幾個世紀以來傳統的商道。儘管在八莫和大理之間橫著怒江和瀾滄江，道路艱險，但是沿著這條商道的貿易卻沒有中斷過。

到十八世紀中葉，中緬發生衝突止，兩國之間維持了將近百年的和平局面，貿易也得到相應的發展。這時運載生絲和其他貨物到緬甸的商隊，常常需用三四百頭公牛，有時使用的馬達兩千匹之多。

清王朝由於中緬戰爭而封閉了邊境貿易，但民間貿易往來並未完全停止。戰爭經歷三年，邊境尚有市肆。兩國恢復通商後，中緬兩國的貿易關係獲得了進一步發展。

中國商人在原有的商道以外，又沿著阿瓦河用大船滿載絲線、紙張、茶葉、果品以及各項什貨，從雲南境內運到緬甸京城，回程則載運棉花、食鹽、羽毛和黑漆。黑漆運回中國，經過摻和香料加工以後，便成為馳名的商品，這就是「中國油漆」。十九世紀初，中緬陸路貿易又進一步的擴大。

中越之間建立了比較密切的商業聯繫。清朝初期，閩粵一帶人民曾經大量移入越南。當時自北部諒山至中部廣義的

十四省中，都有他們的足跡。十八世紀中葉後，廣西與越南之間的陸路貿易更加頻繁。當時內地赴越南貿易的商民，多從廣西平而、水口兩關出口。

平而、水口兩關商人，在越南之高憑鎮牧馬庸立市；由村隘來商，在諒山鎮之驅驢庸立市。其中驅驢庸地方，為各處貨物聚散之所。越南方面，還另在諒山鎮屬之花山添設店鋪，招徠商人。

清代和東方鄰國朝鮮的貿易，一向以陸路為主。清朝入關以後，維持定期市易的辦法。乾隆時期，會寧、慶源每逢開市，商人雲集，中國商人前往會寧市易者，一次可達兩百餘名。市上交易的貨物，從藥材、紙張、毛皮、麻布到牲畜、農具、食鹽、漁產，極一時之盛。

在清代時海上鄰國的貿易，包括日本、朝鮮、琉球以及印度以東紐幾內亞島、菲律賓群島以西的大片地區。其中馬來半島、蘇門答臘以東的南洋地區，海上貿易有比較顯著的發展。有些地方則出現相對的衰落。

中國和日本一衣帶水，民間很早就有貿易往來。清王朝建立之初，中日之間的貿易，有進一步的增進。當時清王朝為了鑄錢幣的需要，每年從日本進口大量黃銅，中國輸至日本的貨物，則以綢緞、絲巾、食糖、藥材為大宗。為經營這些貿易而開赴日本的商船迅速增加。

清代和馬來半島之間的海上貿易，有比較顯著的發展。中國商人在十七世紀的後半期，紛紛從麻六甲轉向荷蘭殖民勢力尚未到達的柔佛、檳城等地，開闢新的活動場所。

柔佛在馬來半島的南端。十七世紀六十年代，這裡已成為南洋貿易的一個中心。中國商人從國內運來茶葉、菸草和陶瓷器皿，參加貿易的馬來亞人不怕荷蘭殖民主義者的報復，也紛紛把當地的產品賣給中國商人。

　　到了十八世紀中期，參加貿易的商人已由廣東擴大到福建、浙江等省；參加貿易的商品，也由茶葉、陶器擴大到蠶絲。在柔佛以外，整個半島東岸的丁機奴、彭亨和吉蘭單，通市不絕。

　　檳城是馬來半島西岸，麻六甲以北的一個小島。大約是在十八世紀八十年代，中國僑民和當地的馬來亞人開墾了四百英畝以上的土地。這些勤苦而安穩的中國人，絕大部分掌控著幾乎當地所有的手工業和零售商業。

　　十八世紀終了之時，這裡的華僑增加到了三千多人，他們中間，有木工、石工、鐵工，還有從事種植的工人。他們為開發這個地方，做出了重大的貢獻。華僑開發南洋，產生了深遠的歷史性影響。

　　進入十九世紀以後，新加坡在馬來半島的商業地位急速上升，取代了麻六甲、柔佛、檳城，而成為南洋貿易的中心。

　　新加坡是中國南海通印度洋必經之地。西元一八二四年以後，開往新加坡的中國帆船迅速增加，最多一年達到兩百五十多艘。往來於中國和新加坡之間的貨物，其價值每次都在兩百萬萬元以上。這種情形，一直維持到鴉片戰爭。

　　清代和暹羅（今之泰國）的海上貿易甚為密切。十八世紀以至十九世紀初，中暹兩國民間海上貿易繼續得到發展。

十八世紀初葉，暹羅稻米開始輸入中國。這適應了清王朝的需要，受到清政府的鼓勵。

到了十九世紀初，每年開往暹羅的中國商船，達到十八艘左右。從暹羅運來中國的貨物，有稻米、食糖、蘇木、檳榔等，中國運往暹羅的，則有生絲、銅器以及各項雜品，甚至剃頭刀，也從廣東進口。

清代和越南的民間海上貿易，主要是居住在這裡的華僑進行的。他們經營從寧波、廈門等地運來的茶葉、生絲、藥材、紙張、布匹、瓷器和銅器等，有時還從日本運來貨物，在這裡行銷。同時又把越南的貨物，如象牙、檳榔、胡椒、燕窩、藤黃、牛角以及黃金等，運回中國。

進入十九世紀以後，兩國民間貿易，發展迅速。十九世紀三十年代，開往越南的清代商船，每年都在百艘以上，共達兩萬多噸。一直到西方殖民主義勢力侵佔越南之前，中越貿易維持著順利的發展。

在蘇門答臘和紐幾內亞島之間的南洋群島，是中國商人海外貿易活動的主要地區。在這一片廣大的海域中，幾乎每一個島上都有過中國商人的蹤跡。其中蘇門答臘、爪哇和加里曼丹，是三個貿易集中地。

中國和菲律賓的民間貿易往來，長期維持友好的關係。菲律賓的華僑經濟，也不顧西班牙殖民主義者的阻禁，仍然得到相當程度的發展。

中國絲綢不僅為菲律賓人所喜愛，而且透過菲律賓，遠航到墨西哥，受到廣泛的歡迎。十八世紀四十年代，菲律賓

的華僑已經達到四萬人。在馬尼拉的華僑區「巴里安」裡，幾條街上都有中國商人販賣絲綢、瓷器和其他商品的大商店。

清朝政府在鴉片戰爭之前，隨著清代與世界各國經濟貿易的發展，各國之間的聯繫日益密切，清代的對外文化交流也不斷進展。

漢字文化圈中的日本、朝鮮、越南三國與清朝的文人學者之間在文字上的往來與友誼，留下了不少佳話。清朝的醫生、畫家們東渡日本，日本人的漢詩和有關中國古典的研究，受到清朝學者稱讚。

越南著名文學家阮攸長於漢詩，他用字喃所著，至今家喻戶曉的長詩《金雲翹傳》，淵源於中國的同名小說。

大批華僑把中國的種植和手工業技術以及生活習俗等帶到東南亞，在那裡生根開花。

《三國演義》等著名古典小說，經華僑傳入泰國，譯成泰語，至今受到泰國人民的廣泛喜愛。

在歐洲，啟蒙運動者初步接觸儒家學說，對於孔子倫理道德的主張和重視教育的思想，以及儒家的自然觀和政治理想，如大一統及仁君統治等，都感到有巨大吸引力，極為推崇，併力求為其所用。

早已為朝鮮、越南所仿效的以考試選拔官吏的方式，十八世紀末法國開始採用，以後英國繼之，成為沿襲至今的文官考試制度。

　　歐洲東來的傳教士湯若望、南懷仁等，受到清政府重視，以外國人管理欽天監。還有的教士從事繪畫、園林建築等，圓明園是他們融會了法國、義大利及東方園林藝術特徵的精心之作，其「萬園之園」之稱，象徵著東西文化交流的最高結晶。

　　到了鴉片戰爭以後，啟蒙思想家魏源等突破傳統觀念，開始萌發向西方學習的新思潮。及至洋務派提出「中學為體，西學為用」，則為西學的傳入提供了更多條件。

閱讀連結

　　清代文化外傳時，德國詩人、自然科學家、文藝理論家和政治人物歌德接觸了中國的藝術、文化和歷史。在歌德的詩文中可以找到很多關於中國藝術的評論。

　　例如他在《羅馬教皇的地毯》中寫道：「地毯上的針線代替了準繩和錫棒，一切藝術與技術最初都是從這種風格開始的；以同樣方式做成的寶貴的中國地毯就在我們的眼前。」

　　歌德接觸過極其有限的中國文學作品，便頗為傾倒地說：「他們開始創作的時候，我們的祖先還在樹林裡生活呢！」

國家圖書館出版品預行編目（CIP）資料

古代外交：歷代外交與文化交流 / 唐容 編著 . -- 第一版 .
-- 臺北市：崧燁文化，2020.03
　　面；　　公分
POD 版

ISBN 978-986-516-116-3(平裝)

1. 中國外交 2. 外交史

640　　　　　　　　　　　　　108018514

書　　　名：古代外交：歷代外交與文化交流
作　　　者：唐容 編著
發 行 人：黃振庭
出 版 者：崧燁文化事業有限公司
發 行 者：崧燁文化事業有限公司
E - m a i l：sonbookservice@gmail.com
粉絲頁：　　　　　　網址：
地　　　址：台北市中正區重慶南路一段六十一號八樓 815 室
8F.-815, No.61, Sec. 1, Chongqing S. Rd., Zhongzheng
Dist., Taipei City 100, Taiwan (R.O.C.)
電　　　話：(02)2370-3310 傳　真：(02) 2388-1990
總 經 銷：紅螞蟻圖書有限公司
地　　　址：台北市內湖區舊宗路二段 121 巷 19 號
電　　　話：02-2795-3656 傳真 :02-2795-4100　　網址：
印　　　刷：京峯彩色印刷有限公司（京峰數位）
　　本書版權為現代出版社所有授權崧博出版事業有限公司獨家發行電子書及繁體
　　書繁體字版。若有其他相關權利及授權需求請與本公司聯繫。
定　　　價：200 元
發行日期：2020 年 03 月第一版
◎ 本書以 POD 印製發行